MANN

ZIEHT SICH AN - RUND UM DIE UHR

© 2004 Feierabend Verlag OHG
Mommsenstr. 43
D-10629 Berlin

Layout: Michael von Capitaine, Tobias Kuhn
Bildredaktion: Birgit Engel

Lithographie: Farbo print + media GmbH, Köln
Druck und Bindung: Druckhaus Locher, Köln

Idee und Grundkonzept: Peter Feierabend

Printed in Germany

ISBN 3-89985-003-3
60-10029-1

MANN

ZIEHT SICH AN - RUND UM DIE UHR

Birgit Engel

Feierabend

DER MODE ENTKOMMT MAN NICHT.
DENN AUCH WENN MODE AUS DER MODE KOMMT,
IST DAS SCHON WIEDER MODE.

KARL LAGERFELD (*1938), DT. MODESCHÖPFER

ÄNDERT SICH DER ZUSTAND DER SEELE, SO ÄNDERT
DIES ZUGLEICH AUCH DAS AUSSEHEN DES KÖRPERS
UND UMGEKEHRT:
ÄNDERT SICH DAS AUSSEHEN DES KÖRPERS, SO ÄNDERT
DIES ZUGLEICH AUCH DEN ZUSTAND DER SEELE.

ARISTOTELES (384-322 V.CHR.), GRIECHISCHER PHILOSOPH

Was ziehe ich an? Wie kombiniere ich was? Welche Kleidung passt zu mir und welcher Stil ist der Situation entsprechend der richtige?

Mit diesen und ähnlichen Fragen sehen wir uns tagtäglich konfrontiert. Mode ist heute allgegenwärtig und aus unserem Alltag nicht mehr weg zu denken. Mit ihr drücken wir unsere Vorstellung von uns selbst und unserem Körper aus. In einer Zeit, in der Kleidung zum Merkmal der eigenen Persönlichkeit wird, ist auch Mode für den Mann wieder wichtig geworden. Längst vorbei sind die Zeiten, in denen Herrenkleidung einheitlich und zweckmäßig zu sein hatte und dabei jeglichen individuellen Geschmack verbot. Der sachdienliche Stil war eine Errungenschaft der Industrialisierung und zunehmenden Technisierung im 19. Jahrhundert. Mann definierte sich über seine Taten, nicht über sein Aussehen und seine Kleidung. Mit dem Aufkommen der Freizeitgesellschaft und einer sportlicheren Lebensweise sowie unter dem wachsenden Einfluss der Medien und einer Jugend, die die überkommenen Verhaltensregeln und Kleidervorschriften ablehnte, änderte sich das Bild der Mode im Laufe des 20. Jahrhunderts. Heute zeigen Männer wieder richtig Lust an Mode. Es ist jedoch nicht leicht, Kleidung auszuwählen, die ebenso zum eigenen Typ passt wie modisch stilvoll ist. Die Mode präsentiert sich vielschichtig und vielfältig. Es gibt ihn nicht mehr, den einen Trend. Er ist durch mehrere gleichzeitige Trends ersetzt worden.

„Mann zieht sich an" zeigt, was Mann heute so trägt und tragen kann. Dabei geht es nicht nur um die gegenwärtigen Modetrends und -strömungen. Zeitlose Basics und Klassiker sowie kultige Klamotten sind für eine geschmackvolle und stilsichere Garderobe unerlässlich. Die faszinierenden Mythen und kuriosen Geschichten, die sich um ihre Entstehung ranken, sind nicht nur unterhaltend, sondern vermitteln ein neues (Mode)-Bewusstsein und Trageerlebnis.

INHALT

	125–240		126–239		127–2
	05		**06**		**07**
	Thursday		Friday		Saturday

	Thursday		Friday	Saturday
7.00				
30	*Aufstehen, Frühstück*			
8.00				
30	*Meeting, Besprechung Businessplan*			
9.00				
30				
10.00				
30				**128–2**
11.00	*Flug nach Mailand*			**0**
30				
12.00				
30				Sur
13.00				
30				
14.00				
30	*Golf mit Roberto*			
15.00				
30				
16.00				
30				
17.00	*Auf ein Bier am Chiringuito*			We
30				M
18.00				T
30				V
19.00				T
30				
20.00	*Scala, Oper und anschließendes Dinner*			

May   18. Week

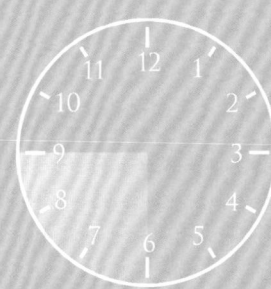

1

ADRETT IM BETT

&

AM FRÜHSTÜCKSTISCH

VON SCHLÜPFERN UND HIPPEN SLIPS

Slip, Pant, Short, Boxer, String, Tanga oder Jock. Ob aus feiner Baumwolle oder hochwertigem Hightech-Materialmix. In schlichtem weiß und schwarz oder bunt und gemustert. In der Welt der Männerunterwäsche des angehenden 21. Jahrhunderts geht es hoch her. Die Unterwäsche, ehemals nur aus hygienischen Gesichtspunkten getragen, hat sich zu einem ernsthaften Modethema entwickelt. Mann muss sich nicht mehr mit langweiligen Schlüpfern begnügen. Die Welt der Männerwäsche ist ebenso vielseitig wie passend auf die Bedürfnisse ihrer Träger zugeschnitten. Ob für den modebewussten Trendsetter, den sportlich Aktiven oder den harmonischen Typ. Wäsche ist in allen nur erdenklichen Formen, Materialien und Farbdesigns zu haben.

Wenn wir von Männerunterwäsche reden, meinen wir vor allem die Unterhose. Das Unterhemd hat an Bedeutung verloren – abgesehen von der älteren Generation, die das Unterhemd auch heute noch ungebeugt trägt. Allenfalls an sehr kalten oder auch sehr warmen Tagen wird es unter der Oberbekleidung getragen. Die Unterhose ist jedoch selbstverständlich und fester Bestandteil der Bekleidung. Sie dient der Hygiene und sie dient dem Schutz. Beim Mann hält sie das zusammen, was zusammen gehört und schützt vor scheuernden Nähten. Darüber hinaus kommt ihr eine wesentliche Rolle als Teil der Mode zu. Vorbei sind die Zeiten der labbrigen Schlüpfer und schlechtsitzenden Liebestöter.

Die Unterhose, so wie wir sie heute kennen, entwickelte sich erst Anfang des 20. Jahrhunderts. Die alten Ägypter trugen einen Lendenschurz, die Griechen den Chiton, die Römer die Tunika und aus dem Mittelalter ist uns die Bruche bekannt, ein Stück Stoff mit Wickelbund oder Gürtel. Sie alle waren Teil der Kleidung, eine Unterscheidung in Ober- und Unterkleidung ist indes aber nicht möglich. Auch trugen Angehörige der Fürstenhäuser im 17. und 18.

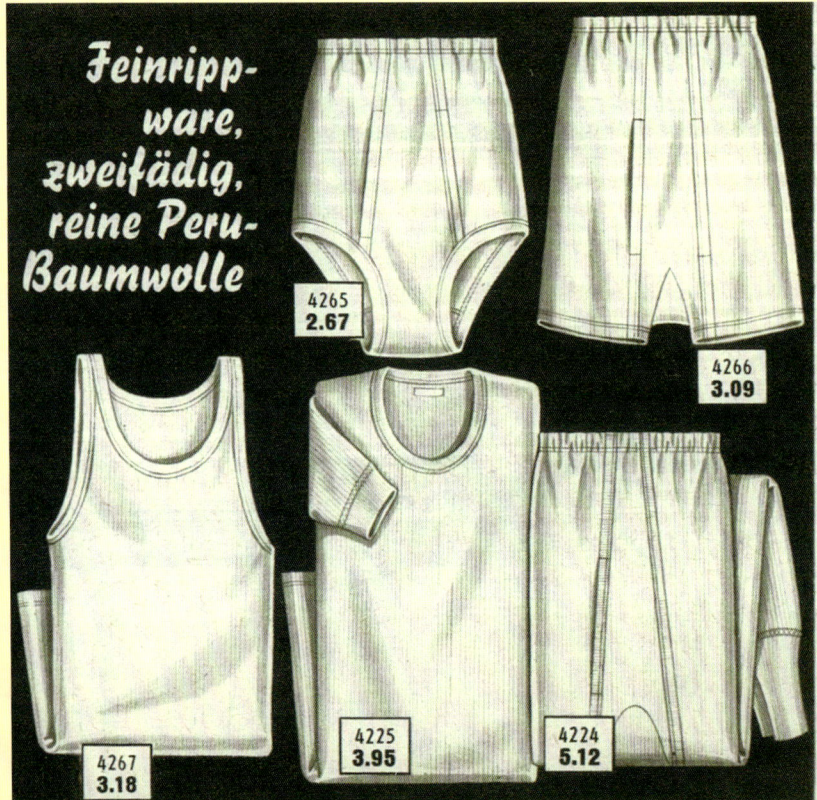

Weiß gebleicht, solide und haltbar: Slips, Schlüpfer, Unterhemden und -hosen in zweifädiger Feinrippware aus reiner Peru-Baumwolle von WITT Weiden, 1949.

Jahrhundert eine Art Unterhose. Der gemeine Bürger trug jahrhundertelang ein einfaches, zumeist leinenes Hemd, das Oberhemd, Nachthemd und Unterhose zugleich war. Das knielange Hemd wurde im Schritt zusammengerafft - und fertig war die Unterhose. Erst mit der Industrialisierung, der maschinellen Fertigung und Massenproduktion sowie den sich wandelnden sozialen und wirtschaftlichen Lebensbedingungen setzte sich die uns heute bekannte Unterhose durch und wurde für jedermann erschwinglich und letztendlich selbstverständlich. Heute zeigt sich Stil nicht mehr im bloßen Vorhandensein von Unterwäsche, sondern in der Wahl des Produkts.

Als Vorgeschmack auf den modernen Slip entwickelte die Firma Heinzelmann aus Stuttgart Mitte der 1930er Jahre das so genannte Piccolo-Höschen. 1935 brachte die Firma Jockey in Amerika den ersten Y-Front-Slip auf den Markt. Das als Patent angemeldete Model wurde zu einer der meist verkauftesten Schnittformen. Nach dem die deutsche Traditionsfirma Schiesser in den 1920er Jahren die erste Feinrippqualität entwickelt hatte, präsentierte sie der Welt nach dem Zweiten Weltkrieg erstmals ihre legendäre Unterhose aus Feinripp mit Eingriff. Wie der Jockey Y-Front-Slip wurde auch dieses Model bis heute unzählige Male kopiert. In dieser Zeit machten die US-Soldaten die europäische Bevölkerung auch mit den Boxershorts bekannt, die in Amerika bereits seit Anfang der 1920er Jahre etabliert und aus der Sommeruniform der Infanteristen entstanden war. Einen Hype erlebten die Boxershorts auf dem europäischen Kontinent erst in den 1980er Jahren. In allen möglichen Farben und Musterungen, bedruckt mit

Weihnachtsmännern oder Herzen wurde sie zum Mitbringsel für jede Gelegenheit. Sehr klein wurde der Männerslip in den 1960er Jahren. Der Bikinislip war angesagt und zwar unisex. In den 1970er Jahren trug Mann wilde Muster und Farbkombinationen. In den 1980er Jahren wurde die Unterwäsche für den Mann erstmals zu einem ernsthaften Modethema und aus dem Gebrauchsgut Unterhose, dem intimsten Stück der Kleidung, langsam ein Prestigeartikel. Es hat sich viel getan in der Welt der Männerunterwäsche von heute. Für den modisch bewußten Mann ist das passende Darunter wichtig geworden, denn das einmalige Wohlgefühl sorgfältig ausgewählter Wäsche lässt Mann jede Lebenssituation meistern.

Männerwäsche wandelte sich seit den 1960ern allmählich von einem reinen Hygieneartikel zum „Modischen darunter"; Werbung von Schiesser in den 1970ern.

DIE GANZE WELT DER WÄSCHE

Bei der Auswahl der Unterwäsche stehen Tragekomfort und Gefühl an erster Stelle. Regeln, wer welche Unterwäsche wann tragen sollte, gibt es nicht. Sicherlich passt zu einem feinen Jackett eine schlichte, elegante Unterhose besser als eine tierisch gemusterte. Bei leichten Anzugstoffen tragen Boxershorts auf. Da greift Mann besser auf den Slip oder die Pant zurück.

Erfahrungsgemäß mögen nur wenige Männer verschiedene Hosenformen. Während der eine Männertyp ausschließlich den klassischen Slip trägt, bevorzugt der andere die Pant oder die Boxershorts. Beim Kauf sollte unbedingt auf die richtige Größe sowie den perfekten Sitz und die Tragbarkeit geachtet werden. Ein Besuch in einem guten Wäschegeschäft macht sich auf jeden Fall bezahlt. Denn schließlich ist bei der Wäsche eines ganz wichtig – dass Mann sich wohlfühlt!

*Beliebt und weithin bekannt ist der **Slip.** Ihn gibt es in unterschiedlichen Formen und Schnitten. Der klassische Slip ist relativ kompakt gearbeitet und hat einen Eingriff. Der Sportslip und der Minislip sind entsprechend kleiner und knapper gearbeitet. Sie verzichten zumeist auf den Eingriff.*

*Die **lange Unterhose** hat einen schweren Stand. Dabei ist aus dem früheren Liebestöter eine Hose mit perfektem Sitz und Tragekomfort geworden. Ihre Vorteile bei kaltem Wetter sind nicht zu unterschätzen.*

*Das Wort **Tanga** kommt aus dem Portugiesischen und bedeutet soviel wie Lendenschurz. Der klassische Tanga ist seitlich auf den Bund reduziert. Der hohe Beinausschnitt lässt viel Bewegungsfreiheit. Das Hinterteil ist großzügig geschnitten, so dass der Po gut verpackt ist.*

*Der **Jock** erscheint auf den ersten Blick sehr erotisch. Tatsächlich aber wird dieser Typ Unterhose vorwiegend zum Sport getragen, denn er gibt sehr guten Halt und lässt viel Bewegungsfreiheit.*

*Der **String** ist die knappste aller Unterhosen. Den ersten seiner Art entwarf der französische Designer Paco Rabanne. Grundsätzlich kann man zwischen dem einfachen String und dem G-String unterscheiden. Letzterer verzichtet hinten ganz auf Stoff; stattdessen ist dort ein Bändchen.*

*Die **Pant** läuft heute dem Slip in Punkto Beliebtheit beinahe den Rang ab. Immer mehr Männer mögen die kurze, eng anliegende Hose mit mehr oder weniger deutlichen Beinansätzen.*

*Die **Boxershorts**. Sie war der absolute Renner der 1980er Jahre und wird entweder heiß geliebt oder gehasst. Wankelmut kann hier nur wenigen Männern nachgesagt werden.*

Das klassische Unterhemd! Es ist eng anliegender als ein herkömmliches T-Shirt und besteht aus feineren Fasern. Mit großzügigem Halsausschnitt ist es bei offenem Hemdkragen nicht sichtbar.

Bei dem ärmellosen Tank-Shirt besteht nicht die Gefahr, dass die Ärmel unter dem Hemd hervorkommen.

Bei kaltem Wetter wird Mann die Vorteile des langärmeligen Hemdes schätzen. Aufgepasst, dass die Ärmel nicht unter der Oberbekleidung zu sehen sind.

Welche Unterwäsche passt?

Südeuropäische Größen						
1	2	3	4	5	6	7

Englische Größen						
Slips (Taille)	29	31	33	35	37	39	41
Shirts (Brustumfang)	34	36	38	40	42	44	46

Amerikanische Größen						
	XXS	XS	S	M	L	XL	XXL
Slips	20/22	24/26	28/30	32/34	36/38	40/42	44/46
Shirts	26/28	30/32	34/36	38/40	42/44	46/48	50/52

Nordeuropäische Größen						
2	3	4	5	6	7	8

INDISCHES ERBE

Farbenfroh und fantasievoll, aus geschmeidigem Trikot oder kuscheligem Frottee. Die bunten Schlafanzüge der 1970er Jahre, deren Hosen an lange Unterhosen erinnerten und deren Oberteil lange Ärmel und einen runden oder V-Halsausschnitt hatten, kennzeichnen eine sehr erfolgreiche Zeit klassischer Nachtmode. Der zweiteilige Schlafanzug war zu dieser Zeit in jedem Bett zu finden, und da Mann ihn ebenso gut vor dem Fernseher wie im Bett tragen konnte, wurde aus der Nachtwäsche die Homewear. Heute sieht es in den Schlafzimmern wieder anders aus. Seitdem das T-Shirt seinen Siegeszug vom

Die Auswahl an Wäsche für die Nacht ist vielfältig. Mann trägt zum Beispiel Nachthemden aus kuscheligem Frottee oder den klassischen Pyjama. Er hat eine locker geschnittene Hose mit Knopfverschluss und Gummibund. Das Oberteil wird geknöpft und erinnert entfernt an ein Herrenhemd.

einfachen Unterhemd zum Modehit Nummer Eins angetreten hatte (siehe Kapitel N° 3), ersetzt es bei vielen Männern den herkömmlichen Schlafanzug. In Kombination mit Slip oder Boxershorts ist es zur beliebten Bettbekleidung geworden. Wem das zu viel Stoff ist, geht nur in Unterhose oder ganz natürlich schlafen. Und mit letzterem tut Mann genau das, was im Mittelalter gang und gäbe war. Bis ins 16. Jahrhundert war es üblich, nackt zu schlafen. Erstmals erwähnt wurde ein Nachthemd um 1500 in Italien. Erst dann begann der Mensch, Nachthemden zu tragen – und auch nur derjenige, der es sich leisten konnte. Dabei handelte es sich um ein einfaches, weites, knöchellanges Hemd, dessen Form als Männernachthemd in seinen Ursprüngen bis heute erhalten blieb. Ab dem 18. Jahrhundert wurden auch Nachtjacken gegen die Kälte getragen. In den meisten Fällen aber nutzte die arme Krämerseele ihr Hemd als Ober-, Unter- und Nachthemd zugleich. Um 1850 übernahmen Kolonisten und reisende Europäer eine in Indien und im persischen Raum getragene Hose. Um eine Jacke erweitert wurde sie zunächst in den Tropen, später in Europa und dann in der ganzen Welt getragen. Aus dem ursprünglichen Namen der Hose Paijschama – was soviel wie Beinkleid bedeutet – wurde der Pyjama, der als eleganter Herrenschlafanzug das Nachthemd verdrängte. Ob aus Seide, Baumwolle, Flanell oder modernsten Fasermischungen, ob unifarben oder gemustert, Pyjamas sind in vielfältigen Stoffen, Farben und Designs zu haben. Sie sind der Klassiker für den entspannendsten Ort im Haus.

Herrenschlafanzüge aus den 1970er und frühen 1980er Jahren mit Streifendesigns, Kontrastblenden und modisch interessanten Mustern.

GANZ PRIVAT – GEMÜTLICH UND BEQUEM

Wenn Mann morgens nach der Dusche sein Frühstück in aller Ruhe genießen möchte – sei es am Wochenende oder weil abends mal wieder ein langes Meeting ansteht –, dann möchte er diese gemütliche Stunde nicht im Business-Outfit verbringen. Genauso wenig wie im Pyjama. Gleiches gilt für den Abend. Der schönste Moment am Tag ist gekommen, wenn die guten Schuhe gegen die Lieblingspantoffeln und der Anzug gegen gemütliche Kleidung eingetauscht werden kann. Dabei ist jedem die Wahl der Kleidung für die ganz privaten Stunden selbst überlassen. Bequem und pflegeleicht sollte sie sein und natürlich gut aussehen, denn dann fühlt Mann sich doppelt so wohl. Ein zerknittertes T-Shirt mit einer labbrigen alten Trainingshose kann diesen Ansprüchen nicht gerecht werden. Die Zeiten einer der größten Sünden der Mode, die Zeiten der ballonseidenen wildgemusterten Jogginganzüge, sind auch vorbei – Gott sei Dank! Die Gewohnheit, zu Hause andere Kleidung zu tragen als in der Öffentlichkeit, gibt es schon seit vielen Jahrhunderten. Früher trug Mann

Hom-Hausanzug aus den 1970ern. Für die Zeit vor dem Schlafengehen, nach dem Aufstehen oder dazwischen.

jedoch Hauskleidung, die wir aus unserer Sicht eher als formelle Garderobe einstufen würden. In der damaligen Zeit aber wirkte sie leger. Im 17. und 18. Jahrhundert trug der Mann seidengefütterte Brokatmäntel mit ostasiatischen Mustern und Schalkragen im

Diesen eleganten Hausmantel, den so genannten Dressing-Gown, trug Mann über Hemd und Krawatte in den 1960ern ganz privat.

Schnitt eines Kaftans oder Kimonos. Später waren die Hausmäntel aus Seide oder Flanell, wurden durchgeknöpft und mit einem Gürtel geschlossen. Alternativ zum Hausmantel trug Mann eine Haus- oder Rauchjacke. Diese flanellgefütterten Jacken waren aus Wollstoff oder Seide, hatten Holz- oder Knebelknöpfe sowie einen seidenbesetzten abgesteppten Kragen und ebensolche Ärmelaufschläge. Ab den 1950er Jahren wurden die Hausmäntel durch den vielseitigeren Bademantel ersetzt. Für die Mußestunde am Morgen eignet sich ein schöner Bade- oder Morgenmantel aus Frottee, Flanell, Wolle oder Seide. Die Mäntel gibt es in ähnlich großer Auswahl wie den

Pyjama oder Schlafanzug. Sehr elegant wirkt ein Bademantel, der farblich auf den Pyjama abgestimmt ist oder sogar aus dem gleichen Stoff besteht. Im Sommer eignen sich Baumwolle oder Seide, im Winter wärmen Modelle aus Frottee, Velours oder Nickistoff. Wer einen Mantel nicht mag, trägt bequeme Kleidung aus dem Homewear- oder Sportswear-Bereich. So gekleidet kann Mann den gemütlichen Abend in vollen Zügen genießen.

Haus- und Bademäntel aus Frotte oder Velours mit Streifen, dezenter Musterung oder unifarben, Schalkragen, Ärmelaufschläge, aufgesetzte Taschen, Brusttasche und Bindegürtel Mitte der 1960er Jahre.

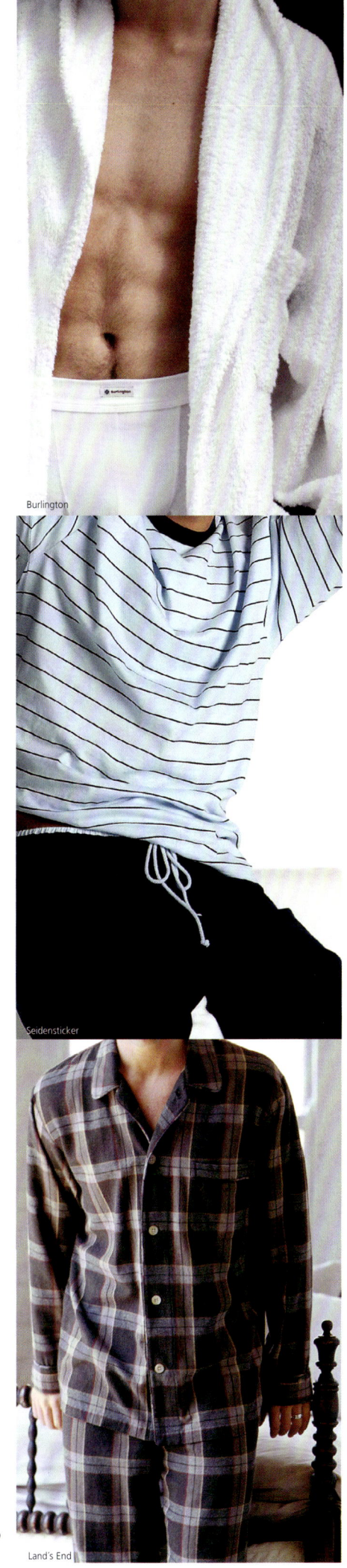

Burlington

Seidensticker

Land's End

Kleidung für die ganz privaten Stunden präsentiert sich heute vielfältig in Punkto Farbe, Design, Materialien und Style.

Während Mann von Kopf bis Fuß gemütlich und b
Zeit genießt, erledigt „dressman" das Hemden büg

1968 wurde eine Gummischlappe geboren, die Ma
schloss. Seine Verbundenheit zu diesem Unikum n
dass er sie, wo immer es sich gerade einrichten läs
prägen die Schlappen nicht nur das eigene Heim,
und Duschkabinen sondern leider ebenso das som
Hotelrestaurants. Und dort gehören sie auf keiner.

Giesswein   Giesswein   Camper

... gekleidet seine freie
... utomatisch.

... Stund an in sein Herz
... Adilette ist so groß,
... einen Füßen trägt. So
... nen, Schwimmbäder
... e Straßenbild und
... n.

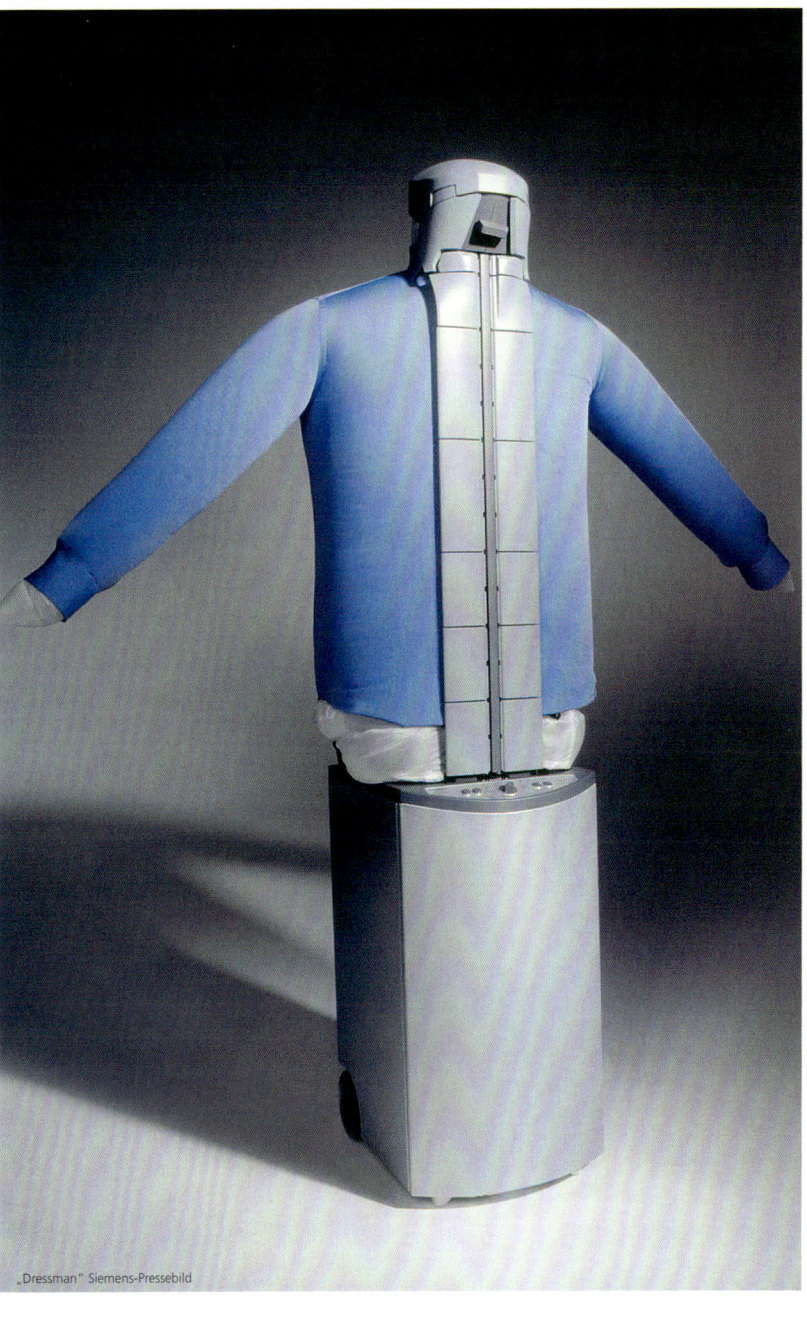

„Dressman" Siemens-Pressebild

Land's End

Land's End

adidas

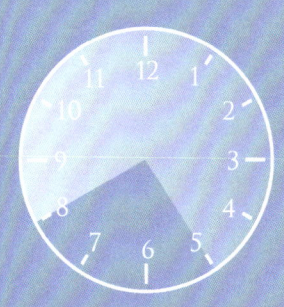

DAS RICHTIGE OUTFIT
IM GESCHÄFTSLEBEN

DER PERFEKTE AUFTRITT

Das Markenzeichen des klassischen Outfits für den Mann ist ohne Zweifel der Anzug. Er ist einfach und unkompliziert zu tragen und sorgt immer für den perfekten Auftritt. Kleidung wird unwillkürlich als Code gelesen. Dieser zeigt, was jemand ist oder auch sein möchte und welche Einstellung man seinem Gegenüber zeigen will. Wer sich an bestimmte Regeln hält, signalisiert die Übereinstimmung mit der Gruppe und betont das Gemeine. So wird eine gewisse Vertrauensbasis geschaffen. Und die ist im Geschäftsleben ausschlaggebend für den weiteren Verlauf der Beziehung zu einander. Trotz aller modischen Freiheiten ist der Unterschied zwischen Businesslook und Freizeitkleidung bis heute erhalten geblieben. Mit der Lockerung der Kleiderregeln und der Einführung des Casual Friday ist die Verunsicherung über das richtige Outfit jedoch groß.

Einen global universellen Dresscode gibt es nicht. Die textilen Ansprüche an das perfekte Businessoutfit sind von Land zu Land verschieden. Sehr genau in Stil- und Modefragen nehmen es Südeuropäer und Lateinamerikaner. Farbige Zweiteiler, kurzärmelige Hemden oder ein krawattenloses Outfit gehören nicht in den lateinamerikanischen Geschäftsalltag. Auch für den spanischen Geschäftsmann ist Casual ein Fremdwort. Er trägt ein dunkles Jackett oder feine Nadelstreifen. Die Farbe von Krawatte und Hemd kann durchaus kräftig sein. Ähnlich

ist es bei den Italienern. Der Anzug ist ein unbedingtes Muss, wobei perfekte Passform, Eleganz und Qualität ganz oben auf der Werteskala stehen, um die Einmaligkeit des Trägers hervorzuheben. Die Krawatte ist von schlichter Farbe oder dezenter Musterung, beliebt sind voluminöse Knoten. Ganz im Gegensatz dazu schätzten die Briten das Understatement nach dem Motto: Stil spricht für sich selbst. Der englische Geschäftsmann liebt konservativ-formelle Mode in hochwertigen Materialien ohne jegliche individuelle Prägung. Pflicht ist der Anzug in gedeckten Farben: schwarz, anthrazit oder ein dunkles Grau neben klassischen Nadelstreifen oder, wenn es sein muss, sehr dunkles Blau. Dazu

Herren-Anzüge in Glencheck, feiner Musterung oder unifarben aus den 1960er Jahren. Die Jacken in Drei-Knopf-Form sind mit Rückenschlitz, zwei Innentaschen sowie Kammtaschen gefertigt. Die Hosen haben eine Rundbundverarbeitung, zwei Gesäßtaschen sowie Abfütterung bis unters Knie.

gehören glatte Schnürschuhe. Kombinationen, im schlechtesten Fall mit Goldknöpfen und Jackenemblem, haben im britischen

Business nichts zu suchen. Vorsicht bei gestreiften Krawatten! Eine Unzahl diverser Streifenmuster steht für eine bestimmte Regiments-, Club und Collegezugehörigkeit. Ganz anders halten es da die Chinesen. Dort bestimmt Pragmatismus den ansonsten grundsätzlich konservativen Businesslook. Im Sommer kann auf Sakko und Krawatte mal verzichtet werden und im Winter ist ein Pullover unter dem Jackett durchaus erlaubt. Im Übrigen wird auf repräsentative Accessoires wie pompöse Uhren oder edelsteinbesetzte Krawattennadeln großen Wert gelegt. In den USA gibt es die Kleiderregeln bei einigen Unternehmen sogar schriftlich. Dabei ist es nicht einfach, sich im Dschungel der Begrifflichkeiten zurechtzufinden, denn ihre Bedeutung variiert von Region zu Region. An der Westküste bedeutet Casual Jeans und T-Shirt, an der Ostküste hingegen Khakis, Poloshirt und Blazer. Bei Business Attire ist der Anzug mit Krawatte obligat. Casual Business hingegen erlaubt eine Kombination mit oder ohne Krawatte.

So unterschiedlich die länderspezifischen Vorlieben auch sind, gute und formelle Businesskleidung ist so klassisch und schnörkellos wie möglich. Der perfekte Look besteht aus einem Anzug in angenehm dezenten Farben und Musterungen, wobei Jacke, Hose und gegebenenfalls Weste in Stoff, Farbe und Musterung übereinstimmen. Ausgefallene Accessoires sind unpassend. Dies gilt zumindest für konservative Branchen wie Banken, Versicherungen sowie für repräsentative Aufgaben. Ansonsten sind eine stilvolle Kombimode und Crossdressing durchaus möglich. Hier hat Mann die Gelegenheit, die Regeln nach seinem persönlichen Stil und individuellen Geschmack auszulegen.

Der modische Business-Anzug ist körpernah geschnitten. Neben Dreiknopfformen kommen auch Zweiknopfformen vor. Dort sitzen die Knöpfe tief und betonen die Taille.

CINQUE

DAKS

Windsor

Windsor

Odermark

Feraud

Der Nadelstreifenanzug

Streifen in vielen Variationen sind gegenwärtig wieder das Top-Thema in der Herrenmode. Und damit liegt der Nadelstreifenanzug wieder ganz vorne. Unter den Anzügen gehört er zu den absoluten Favoriten und hat sich als zeitloser Klassiker immer wieder aufs Neue bewährt. Neben seiner Eleganz haftet dem kleidsamen Stück etwas latent Verruchtes und Verwegenes an. Und das kommt nicht von ungefähr. Während der Prohibition in den 1920er Jahren war er besonders beliebt bei den Angehörigen der so genannten Unterwelt. Später trugen ihn elegante Dandys wie Rudolph Valentino und Hollywoodstars wie Clark Gable. Im Laufe des 20. Jahrhunderts hat sich der Macho-Anzug zum seriösen Businessdress entwickelt. Dabei sind Nadelstreifen nicht gleich Nadelstreifen. Für die Auswahl des Stoffes gilt: je weiter die Streifen auseinander liegen und je feiner diese gezeichnet sind, desto seriöser ist der Anzug. Heißt also: Zwischen den Streifen des Al Capone und den feinen Streifen des distinguierten Bankers gibt es einen großen Unterschied.

Atelier Torino

Wie Bügelfalte und Umschlag in die Hose kamen

Als Erfinder der Bügelfalte und des Umschlags in der Hose gilt König Eduard VII., der bekannt war für sein großes sportliche Interesse und sein fachkundiges Gespür auf dem Gebiet der Mode. Zeit seines Lebens galt er als einer der best angezogensten Männer Englands. Der Legende nach wurde die Bügelfalte bei einem englischen Derby im Jahre 1909 geboren, aus dem Eduard VII. als Sieger hervorging. Angeblich hatte ein starker Regen die königlichen Hosen verformt. Daraufhin breitete ein Stallmeister sie, mit einem Brett beschwert, auf einem Tisch zum Trocknen aus. Die dadurch entstandenen Falten gefielen dem königlichen Auge so gut, dass er damit zur Siegerehrung erschien und so die Bügelfalte in die Mode einführte. Der Umschlag ist ebenso mit den sportlichen Interessen des Regenten verknüpft. Bei einem Pferderennen soll er seinen Hosensaum vor Regen und Matsch dadurch geschützt haben, dass er ihn umschlug. Das erregte allgemeines Aufsehen und aus der Zufälligkeit entstand ein modisches Detail.

Goldpfeil

Goldpfeil

Goldpfeil

Goldpfeil

Tipps rund um den Anzug

◆ Die Anschaffung einer guten Garderobe ist nicht billig. Beim Kauf sollte Mann sich daher viel Zeit nehmen. Zudem sollte Mann – ganz unabhängig von jeder Mode – einige Dinge beachten, die helfen, den passenden Anzug zu finden.

◆ Zum Einkauf sollte Mann Schuhe, Hemd und gegebenenfalls eine Krawatte anziehen, die Mann zum Anzug tragen will.

◆ Modell, Schnittgestaltung, Farbe und Design eines Anzugs sind reine Geschmackssache. Für den Kauf entscheidend sollte letztendlich die Passform sein.

◆ Bei einem gut sitzenden Anzug gehen die eigenen Schultern beim Stehen in die eingearbeiteten über.

◆ Bei ausgestrecktem Arm soll der Jackenärmel bis über den Knochen außen am Handgelenk gehen und die Ärmelbündchen etwas entblößen. Dabei ist die Jacke zugeknöpft. Sind die Ärmel nicht gut eingesetzt, schiebt sich die Schulterpartie extrem hoch.

◆ Bewegt man bei zugeknöpfter Jacke die Arme aufeinander zu, darf die Rückennaht nicht spannen.

◆ Ist die Jacke zu groß, bildet sie im Stehen eine vollkommen gerade Silhouette und steht hinten von der Hose ab. Ebenso wenig darf die Jacke zu eng anliegen.

◆ Die Brusttaschen sollen gut genäht und in der Musterung gut abgestimmt sein.

◆ Der Kragen darf nicht vom Hemd abstehen. Da, wo der Kragen in das Rückenteil übergeht, darf der Stoff keine Falten bilden.

◆ Die Reverse müssen flach anliegen.

◆ Die Hose sollte locker in der Taille sitzen, und die Hosenbeine dürfen nicht verdreht wirken.

◆ Die Hose darf nicht zu knapp sitzen. Steckt man die Hände in die Taschen, darf sich keine Querfalte zwischen den Taschen bilden und

Das Einstecktuch

Beim Thema Einstecktuch erweist Mann sich als recht wankelmütig. In manchen Zeiten erfreut sich das Accessoire großer Beliebtheit. Dann wieder ist das Schmucktuch zu viel des Guten und Mann wirkt leicht overdressed. Beim gegenwärtigen Trend zu mehr klassischer und formeller Kleidung wird auch das Einstecktuch wieder Gegenstand männlicher Kreativität.

Erlaubt ist dabei, was gefällt, erfordert aber ein gut geschultes Auge für die richtige Kombination. In seinen Anfängen, das heißt vor mehr als 150 Jahren, war das Einstecktuch ein zusätzliches Taschentuch, das blütenweiß und sauber zu sein hatte. So weiß blieb es im Prinzip bis in die 1950er Jahre. Danach verschwand es, um in den 1970er Jahren in Kombination und farblicher Übereinstimmung mit dem Schlips wieder zu erscheinen. Heute führt das Tuch ein Eigenleben und Mann kann es ganz nach Geschmack und Laune in unterschiedlichsten Farben und Musterungen tragen.

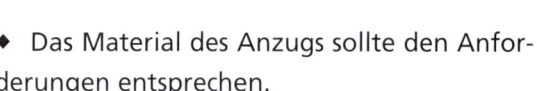
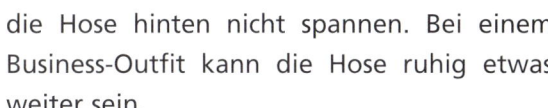

Goldpfeil · Goldpfeil · Goldpfeil · Bugatti

die Hose hinten nicht spannen. Bei einem Business-Outfit kann die Hose ruhig etwas weiter sein.

◆ Hat die Hose eine Falte, sollte diese gradlinig fallen und auf der Mitte des Fußrists enden.

◆ Die Verarbeitung eines Anzugs kann Mann auch an dem Material und der Befestigung der innenseitigen Futterschichten erkennen.

◆ Die Knöpfe sollten nicht aus Plastik sein und im Stil zum Anzug passen. Zugeknöpft darf die Jacke an den Knopfleisten nicht ziehen und soll einen geraden Fall haben.

◆ Große und untersetzte Männer wirken bei einem breiten und niedrigen Reversausschnitt noch kompakter. Deshalb sollte der Platz zwischen den Jackenaufschlägen proportional zum Körper passen.

◆ Ausgefallene Schnittformen und große Designs fallen bei kleinen Männern besonders auf.

◆ Das Material des Anzugs sollte den Anforderungen entsprechen.

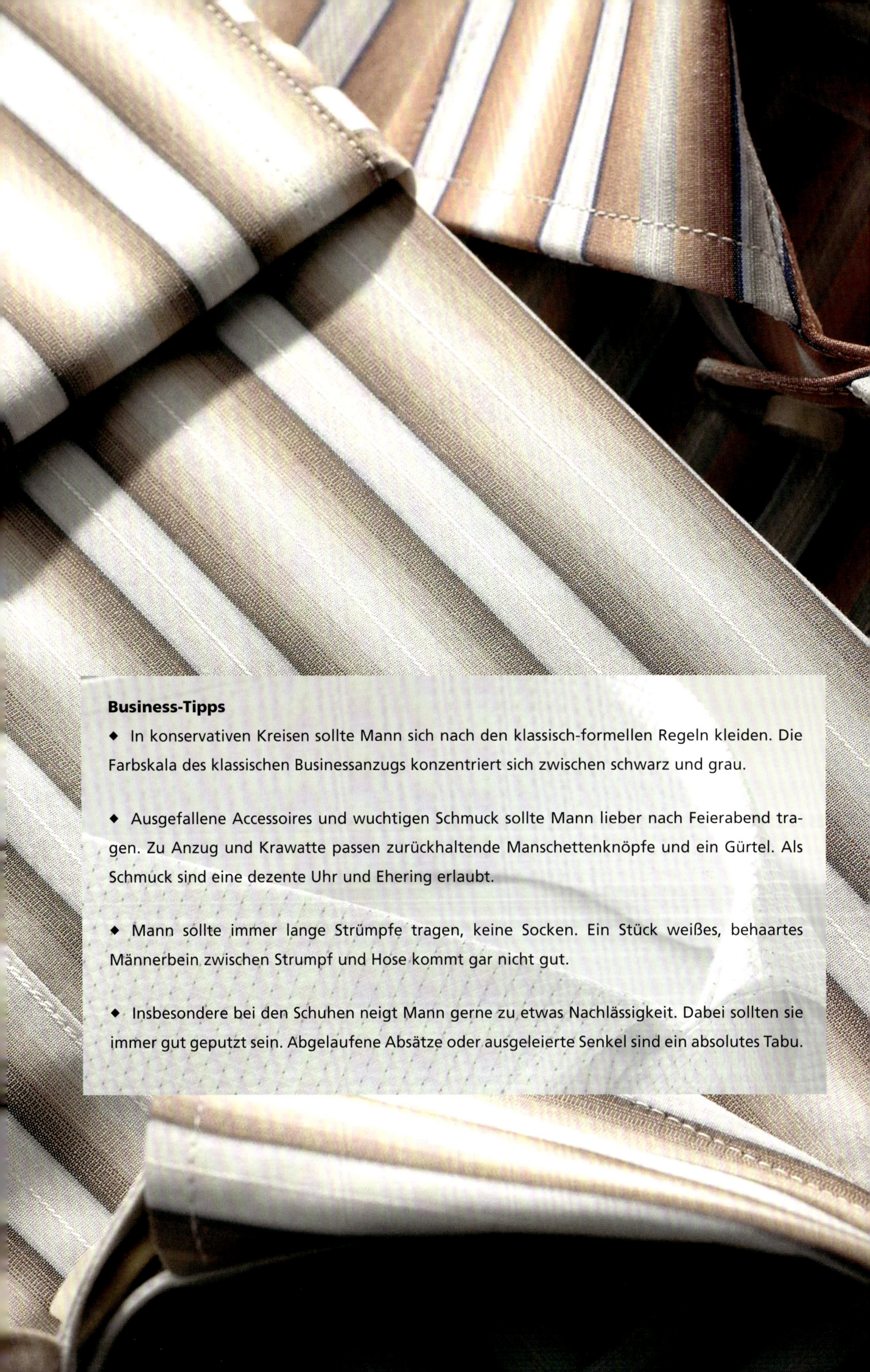

Business-Tipps

◆ In konservativen Kreisen sollte Mann sich nach den klassisch-formellen Regeln kleiden. Die Farbskala des klassischen Businessanzugs konzentriert sich zwischen schwarz und grau.

◆ Ausgefallene Accessoires und wuchtigen Schmuck sollte Mann lieber nach Feierabend tragen. Zu Anzug und Krawatte passen zurückhaltende Manschettenknöpfe und ein Gürtel. Als Schmuck sind eine dezente Uhr und Ehering erlaubt.

◆ Mann sollte immer lange Strümpfe tragen, keine Socken. Ein Stück weißes, behaartes Männerbein zwischen Strumpf und Hose kommt gar nicht gut.

◆ Insbesondere bei den Schuhen neigt Mann gerne zu etwas Nachlässigkeit. Dabei sollten sie immer gut geputzt sein. Abgelaufene Absätze oder ausgeleierte Senkel sind ein absolutes Tabu.

DAS HEMD

Das Hemd ist uns so nah wie kein anderes Kleidungsstück. Es existiert seit der Mensch begonnen hat, sich zu bedecken und markiert den Beginn unserer Kleidungsgeschichte. Mit dem heutigen Hemd haben die frühen Formen wenig gemein. Es war vielmehr ein geräumiges Stück Stoff mit einem Loch, durch das der Kopf gesteckt wurde. Im Mittelalter begannen sich Manschetten und Kragen herauszubilden. So wurde zum Beispiel eine Kordel durch den Halsausschnitt gezogen, über der sich ein Rand bauschte. Daraus entwickelten sich riesige Kragen, die so genannten Mühlsteinmodelle. So ein Kragen soll bis zu 17 Meter Stoff verschlungen haben. Der Kragen ist überhaupt eines der wesentlichsten Stilmerkmale des Hemdes. Immer hat es unterschiedlichste Formen und Modelle gegeben. Einer der bekanntesten Kragen aus

Der Cutaway Collar lässt den Krawattenknoten gut in Erscheinung treten.

Der Steh- oder Kläppchenkragen wird seit den 1930er Jahren fast nur noch zum Smoking oder Frack getragen.

früheren Zeiten ist wohl der Vatermörder, ein hoher Stehkragen mit steifen Ecken, der dem Mann die Kehle zu zerschneiden drohte. Gegenwärtig dominiert in der Männermode der Haifisch-, Kent- oder Spreizkragen. International wird er Cutaway Collar genannt. Diese weit nach hinten gezogene Kragenform lässt den Krawattenknoten stärker in Erscheinung treten. Bis ins 18. Jahrhundert trug der feine Mann das Hemd unter der Oberbekleidung. Lediglich der Kragen und die Manschetten buhlten mit der übrigen Oberbekleidung um Aufmerksamkeit. Noch heute verbietet die Etikette bei formellen Anlässen Hemdsärmel. Ab Mitte des 19. Jahrhunderts entwickelten sich langsam die Attribute, die das heutige Hemd ausmachen. Es entstanden die Knopfleiste sowie die Passe am oberen Rückenteil,

womit sich die Weite des Hemdes nach unten verschob. Hinten wurde das Hemd länger als vorne, so dass es hinten nicht aus der Hose rutschte und vorne keine zu großen Stoffmengen störten. Der Umlegekragen löste den Stehkragen ab, der seit den 1930er Jahren nur noch zu Smoking oder Frack getragen wird. Zu der Zeit gab es mehr als jemals zuvor farbige und gemusterte Hemden. Das weiße Hemd aber blieb immer ein Bestseller und Klassiker, wenn es um formal korrekte Kleidung geht. Es gibt mehrere Gründe, warum Weiß schon immer die bevorzugte Hemdenfarbe war. Weiß war Ausdruck von

Weiße Businesshemden von Olymp in den 1950ern.

Wohlstand und Vornehmheit. Nur wer genügend Geld hatte, konnte es sich leisten, sein Hemd öfter reinigen zu lassen. Zudem wurden Hemden früher aus Leinen und Naturbaumwolle hergestellt. Beide Stoffe sind leichter zu bleichen. Darüber hinaus sorgt Weiß für eine helle und distanzierte Optik, den so genannten anständigen Eindruck. Das Hemd für den Geschäftsmann muss heute jedoch nicht immer weiß sein. Beliebt sind neutrale Unifarben. Daneben sind Streifendessins ganz großes Thema.

DIE KRAWATTE GEHÖRT AN DEN MANN

Das Outfit des Mannes hat sich heute von konventionellen und herkömmlichen Zwängen gelöst. Die Zeiten, in denen Mann ohne Krawatte im Büro oder in der Öffentlichkeit undenkbar war, sind längst passé. Dennoch – das schmucke Kleidungsstück ist und bleibt

Borussia Mönchengladbach feierte in den 1970ern internationale Erfolge. Hier der damalige Mannschaftskapitän Berti Vogts mit dem Kapitän von Bayern München Franz Beckenbauer.

unverzichtbarer Teil der Herrenmode. Das gilt für den korrekten Auftritt im Business und in der Öffentlichkeit ebenso wie für das eigene modische Image als Ausdruck eines gewählten Lifestyles. Seit 1965 ehrt das Deutsche Modeinstitut alljährlich Personen des öffentlichen Lebens, die durch ihr Erscheinungsbild in der Mode überzeugen und die Krawatte als Stilmittel markant einsetzen. Der deutsche Bundeskanzler Willy Brandt wurde 1967 zum Krawattenmann des Jahres gewählt, 1968 Tierfreund und -forscher Bernhard Grzimek, 1976 der Weltmeister im Springreiten Alwin Schockemöhle. Im Jahre 2003 wurde mit Borussia Mönchengladbach erstmals eine Gruppe ausgezeichnet. Die Borussen, die in den 1970er Jahren große nationale und internationale Erfolge feierten, überzeugten durch

ihr Gesamtstyling und professionelles modisches Erscheinungsbild. Ob Fußball, Golf oder Tennis, Sport hat inzwischen einen gesellschaftlichen Stellenwert erhalten, der weit über das rein Sportliche hinausgeht. Bestes Beispiel ist David Beckham. Der Fußballstar ist längst Modeikone und Trendsetter in Sachen Kleidung und Lifestyle.

Die Söldner des Sonnenkönigs

Die Geschichte der Krawatte führt uns bis in die Zeit des ersten chinesischen Kaisers Shih Huang Ti (260 – 209 v.Chr.) zurück, der für seine Grabanlage ein Heer von 7.500 Soldaten aus Terrakotta herstellen ließ. Sie alle tragen ein um den Hals gebundenes Tuch.

Auch bei den alten Römern trifft man auf einen Vorläufer der Krawatte. Auf dem Relief der im Jahre 113 errichteten Trajansäule in Rom sind Legionäre mit einem Halstuch, der so genannten Focale, abgebildet. Der Ausdruck Focale leitete sich vermutlich von dem Wort Fauces (Hals, Kehle) ab.

Die nächste historische Erwähnung geht auf das 17. Jahrhundert zurück. Damals trug man am Hof des Sonnenkönigs (1638-1715) so genannte Cravates. Die Bezeichnung bezog sich ursprünglich auf die kroatischen Söldner,

Der Blick vom Vatikan in Rom auf die ewige Stadt. Hier steht die Trajansäule, die römische Legionäre mit Vorläufern unserer heutigen Krawatte zeigt.

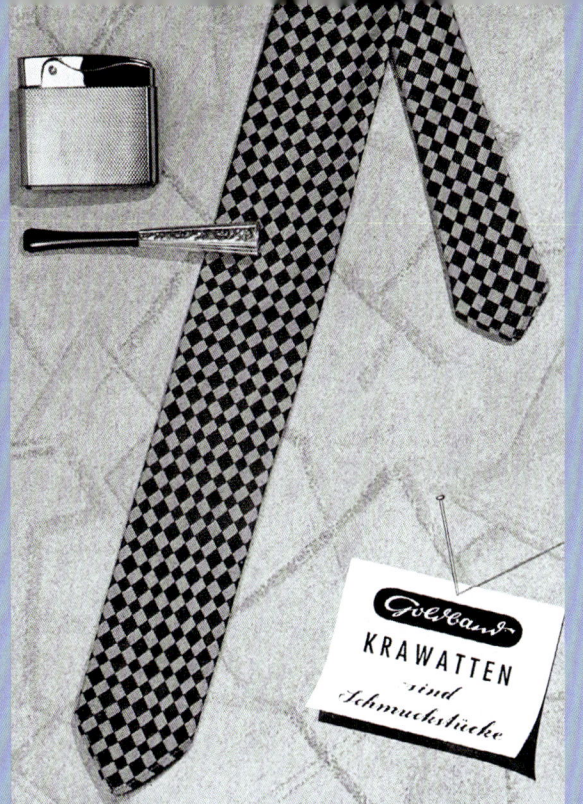

Binder aus reinseidenem Doppelkettgewebe mit Würfelaufteilung und ein Schal aus bedruckter Foulardseide aus dem Herbst-/Winterprogramm 1965 aus dem Hause J. Ploenes.

die Ludwig der XIV. im Dreißigjährigen Krieg angeheuert hatte und die in Frankreich mit ihren um den Hals gebundenen Tüchern Aufsehen erregten. Die Franzosen adaptierten das Kleidungsstück und nannten es nach ihren Trägern croate, woraus später das französische Wort cravate wurde. Daraus leiteten sich dann in anderen Sprachen ähnliche Begriffe ab. Die Krawatte, damals kostspielige Tücher aus feinster Spitze, wurde fester Bestandteil der Herrenbekleidung. Während der französischen Revolution wurde die Krawatte Ausdruck politischer Überzeugung: Die Revolutionäre trugen schwarze, die Gegner der Revolution weiße Krawatten. Darauf folgte die Mode der Incroyables, deren großen Halstücher auffällig geknotet wurden. In England wurden die gigantischen Tücher als Serviettenmode bekannt. Einer ihrer legendärsten Vertreter war George Brummell. Er war der Trendsetter seiner Zeit und ging als "Beau Brummell" in die Geschichte ein.

Im Laufe des 19. Jahrhunderts wurde die Herrenmode schlichter und nüchterner. Als um 1860 der Stehkragen verschwand und man den Hemdkragen umklappte, wurde mit dem vorn geknoteten Langbinder der heutige Schlips geboren. In England nannte man ihn Four-in-Hand, nach dem Knoten, mit dem die Zügel der Vierspänner versehen waren. Im Französischen nannte man ihn Regate. Die Krawatte bekam ihren letzten Schliff in den 1920er Jahren, als der Amerikaner Jesse Langsdorf den Krawattenstoff diagonal zum Fadenlauf schnitt und aus drei Teilen zusammennähte.

Noch heute werden gute Krawatten auf diese Weise hergestellt. Zu der Zeit kamen mit Karos, Streifen, Tupfen und Mustern Bewegung und Farbe in die Krawatte, die in den darauf folgenden Jahrzehnten je nach Mode, mal breit oder schmal, mal mit dezenten Mustern oder grellen poppigen Farben getragen wurde. In den 1960er Jahren und 1970er Jahren wurde die Krawatte zum

Krawatten mit breitem Schwert und vielerlei Musterungen aus den 1960er und 1970er Jahren aus dem Hause J. Ploenes

Symbol für Spießbürgertum und konservative Denkart. Wer jedoch einen Schlips trug, der trug ihn bis zu 15 cm breit, mit wilden Mustern bedruckt. Mit den Entwicklungen der 1980er Jahre und der Geburt des Yuppies wurde die Krawatte rehabilitiert. Heute ist die Krawatte als Modeaccessoire unentbehrliches Stilmittel. Während es seit dem Bestehen der Krawatte unzählige Muster oder Motive, etliche Farben und Farbkombinationen sowie die verschiedensten Materialien gegeben hat, ist eines immer geblieben: Die schwertartige Grundform der Krawatte.

DIE KUNST DES KNOTENS

Die schönste Krawatte verliert mit einem unförmigen Krawattenknoten ihre Wirkung. Mann sollte also das Binden der Krawatte beherrschen, denn die Hauptsache beim Krawattenknoten ist, dass er sorgfältig und korrekt gebunden ist. „Um einen Krawattenknoten zu erschaffen, benötigt man keinen Spiegel. Da ein Knoten aus dem Augenblick erschaffen wird, muss man ihn zwischen den Fingern spüren" pflegte der Duke von Windsor zu sagen, der nicht nur bekannt war, weil er dem Thron die Ehe mit einer geschiedenen Frau vorzog, sondern weil er einer der bedeutendsten Stilisten der modernen englischen Herrenmode war.

Der Four-in-Hand

Der Standardknoten ist der Four-in-Hand oder Regate. Dieser Knoten sieht in jeder Kragenform gut aus. Zudem streckt er mit seiner eher länglichen Knotenform die Halspartie.

Und so geht´s: Der Schlips wird um den hochgeschlagenen Kragen gelegt. Rechtshänder legen das schmale Ende so über die linke Schulter, dass es etwa eine Handbreit über der Taille hängt. Linkshänder nehmen die rechte Schulter. Dabei sollte der Knoten so nah am Hals wie möglich gebunden werden, damit er nicht so weit geschoben werden muss.

Das breite Ende schlägt man einmal um das schmale und steckt es dann von hinten durch die entstandene Schlinge. Damit ist der Knoten gebunden und man muss ihn nur noch in die richtige Höhe schieben. Das schmale, hinten liegende Ende kann durch das Etikett geschoben werden.

Der Windsor-Knoten

Bei Hemden mit weit auseinander stehenden Kragenecken, wie dem Cutaway Collar (Spreiz-, Haifisch- oder Kentkragen), sollte Mann darauf achten, dass der Knoten breit und füllig wirkt. Wenn eine Krawatte die richtige Dicke hat, kann das erforderliche Volumen mit einem einfachen Four-in-Hand erreicht werden. Andernfalls empfiehlt sich

der einfache oder der halbe Windsor, der im Grunde nichts anderes ist als ein Standard-knoten mit mehr Volumen.

Mann beachte, dass sich beim Windsor das schmale Ende mehr als eine Handbreit über der Taille befinden muss, da mehr Stoff benötigt wird.

Krawattensprachen

ALBANESISCH	KRAVATE	HOLLÄNDISCH	DAS; STROPDAS	POTUGIESISCH	GRAVATA
AMERIKANISCH	NECKTIE	INDISCH	GALE KA THANDA	RUMÄNISCH	CRAVATA
ARGENTINISCH	CORBATA	INDONESISCH	CRAVACHE; DASI	RUSSISCH	GALSTUK
BASKISCH	LOTU	ISLÄNDISCH	BINDI	SCHWEDISCH	SLIPS
BRASILIANISCH	GRAVATA	ITALIENISCH	CRAVATTA	SENGALESISCH	CRAVATE
CHINESISCH	LING DAI	JAPANISCH	NEKUTAI	SERBISCH	KRAVATA
DEUTSCH	KRAWATTE	KOLUMBIANISCH	CORBATA	SLOWAKISCH	KRAVATA
ENGLISCH	TIE; NECKTIE	KOREANISCH	TIE	SPANISCH	CORBATA
ESTNISCH	SIDE	KREOLISCH	CRAVATE	TÜRKISCH	KRAVAT
FINNISCH	SOLMIO	KROATISCH	CROATA; KRAVATA	UKRAINISCH	KORBACS
FRANZÖSISCH	CRAVATE	LATEIN	FOCALE	UNGARISCH	NYAKKENDÖ
GÄLISCH	TAIDHE	NORWEGISCH	SLIPS	VIETNAMESISCH	CA VAT
GRIECHISCH	LAIMODHETIS	POLNISCH	KRAWAT	INTERNET SPRACHE	:-)=>

Der einfache Windsor-Knoten

„Eine gutgebundene Krawatte ist der erste wichtige Schritt im Leben", so der in Dublin geborene Schriftsteller Oscar Wilde (1854–1900). Auf den ersten Blick und im Vergleich zum four-in-hand erscheint der Windsor recht kompliziert. Dabei muß Mann das lange Ende nur ein weiteres Mal um das kurze wickeln. So erhält der Knoten mehr Volumen. Mit etwas Übung und Geduld hat Mann sich diese Bindetechnik schnell angeeignet.

Eine gut gebundene Krawatte ist die Visitenkarte des Mannes. Zum Haifischkragen passt ein Knoten mit Volumen wie z. B. der Windsor.

van Laack

J. Ploenes

J. Ploenes

van Laack

J. Ploenes

J. Ploenes

van Laack

van Laack

J. Ploenes

J. Ploenes

J. Ploenes

van Laack

van Laack

J. Ploenes

van Laack

J. Ploenes

TieCare
aufgedreht gut gepflegt

J. PLOENES
Die Krawatte.

Krawatten wollen gut gepflegt sein. Der TieCare garantiert mit einer speziellen Aufrollautomatik, dass die Krawatte immer und jederzeit bestens aufgehoben ist.

TIPPS RUND UM DIE KRAWATTE

◆ Wenn Sie eine Krawatte knoten, sollten Sie dies mit Bedacht tun. Modisch sind zur Zeit locker gebundene Knoten, die eine gewisse Lässigkeit transportieren. Ein zu fest gezogener und gequetscht wirkender Knoten sieht im Übrigen nie gut aus.

◆ Bevor Sie eine Krawatte kaufen, probieren Sie diese aus. Binden Sie einen Knoten und beurteilen Sie, wie Sie mit der Krawatte zurechtkommen.

◆ Wer wissen möchte, ob das ausgewählte Stück einen guten Schnitt hat, sollte die Krawatte in die Hand nehmen und hoch halten. Wenn sich die Krawatte nicht verdreht, hat sie einen guten Schnitt.

◆ Bei guten Krawatten ist das rückseitige Futter nicht am Rand, sondern etwas weiter innen eingenäht.

◆ Ein weiteres Qualitätsmerkmal ist die Spannkraft: Ziehen Sie an beiden Schlips-enden. Fehlende Spannkraft ist ein Zeichen minderer Qualität.

◆ Männer mit langem Oberkörper sollten auf Knoten, die viel Stoff brauchen, gegebenenfalls verzichten. Oder sich extra lange Binder zulegen.

◆ Bevor die Krawatte im Schrank verschwindet, sollte der Knoten gelöst und die Krawatte glatt gestrichen werden.

◆ Krawatten sollten Sie am besten aufhängen. Sind Sie auf Schubladen angewiesen, darf die Vorderseite niemals geknickt werden. Eine Möglichkeit ist das lose Einrollen der Krawatte. Auf Reisen kann die Krawatte, lose eingerollt, in feste Schuhe gesteckt werden. Zwischen stabilen Kleidungsstücken, wie Jacketts, liegt sie auch ganz gut. Vorsicht: das breite Ende darf keine Falten bekommen. Eine gute Lösung ist ein Schlipsetui oder eine Krawattenbox.

DAS RICHTIGE DARÜBER

Vollständig wird und wirkt das perfekte Outfit erst mit dem richtigen Darüber. Vorausgesetzt, das gute Stück harmoniert mit der übrigen Oberbekleidung. Selbstverständlich kann Mann zu bestimmten Jahreszeiten, wie zum Beispiel in heißen und trockenen Sommermonaten, ganz auf Mantel oder Jacke verzichten. Im Übrigen aber gehört das Kleidungsstück zum Styling dazu. Dafür sprechen verschiedene Gründe: Wenn die Kleidung, und insbesondere das Darüber, dem jeweiligen Anlass entspricht, gibt Mann Auskunft darüber, womit er gerade beschäftigt ist.

Outfit Anfang der 1960er.

Ist er vielleicht auf dem Weg ins Büro oder befindet er sich auf Reisen, verbringt er gerade nur seine Freizeit oder ist er für einen festlichen Abend gekleidet. Darüber hinaus übernimmt der Mantel eine Schutzfunktion vor Kälte, Wind oder Regen. Der Mantel beziehungsweise die Jacke schützen aber auch im symbolischen Sinn. Erst wenn Mann das Kleidungsstück abgelegt hat, ist er angekommen, ist er dabei und zur Kommunikation bereit. Das Wort Mantel kommt von lateinisch mantellum und bedeutet Hülle oder Decke und war bis ins 18. Jahrhundert die Bezeichnung für das bis dahin allgemein gebräuchliche umhangartige Übergewand. Erst danach entwickelten sich Mäntel, deren Form bis

heute als Vorbild dienen. Beispiele sind unsterbliche Klassiker wie der Gaban oder der Trenchcoat. In den vergangenen Jahren waren Mäntel kein großes Thema in der Männermode. Jetzt aber sind sie wieder da. Sie sind schlank und körpernah geschnitten und umspielen in der Länge das Knie. Wer es klassisch halten möchte, ist mit einem einreihigen Mantel in markanter Silhouette und kurzer Länge gut beraten.

Der Trenchcoat

Der britische Tuchmeister Thomas Burberry, geboren 1835 in der südostenglischen Grafschaft Surrey, hatte die Vision von einem wetterfesten Mantel. Er entwickelte einen ebenso wind- und wasserfesten wie atmungsaktiven Stoff, den er Gabardine nannte und schneiderte daraus das Kleidungsstück, das als Trenchcoat in die Modegeschichte eingehen sollte. Eingesetzt als Uniformmantel im Ersten Weltkrieg, der die britischen Infanteristen vor Wind und Wetter in ihren Trenches (Gräben, Schützengräben) schützen sollte, avancierte er in den 1920er Jahren in Europa und Amerika gleichermaßen zum allseits beliebten zivilen Allwettermantel.

Bis heute ist der Trench in der Herren- sowie auch in der Damenmode ein Dauerbrenner und nichts deutet darauf hin, dass sich daran in nächster Zukunft etwas ändert. Variationen in Stoffauswahl und Schnittgestaltung bringen zwar immer wieder eine den jeweiligen Modetrends entsprechende Abwechslung in das Gesamtbild, in seiner wesent-

*Schulterklappen, breiter Umlegekragen und breites Revers.
Rücken- und Vordersattel.*

lichen Urform ist der Trench aber bis heute unverändert.

Der Original Burberry hat Schulterklappen, einen breiten Umlegekragen und ein breites Revers, Vorder- und Rückensattel, einen breiten Gürtel mit Metallösen und -schließen, Ärmelspangen und Pattentaschen. Obligatorisch ist, dass die Sattel vorne übereinander geknöpft werden können. Charakteristisch sind weiter die Hornknöpfe und das einknöpfbare Burberry-Karo-Flanell-Futter sowie das dunkle Beige des Oberstoffes.

*Ärmelspangen,
Pattentaschen,
Hornknöpfe.*

Der klassische Trenchcoat der Firma Burberry mit dem weltbekannten Karomuster, dem so genannten Burberrys house check.

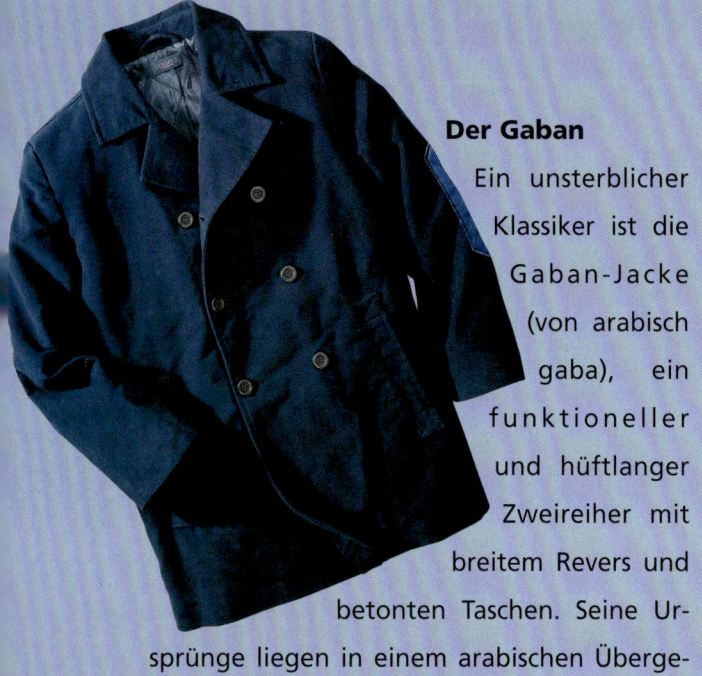

Der Gaban

Ein unsterblicher Klassiker ist die Gaban-Jacke (von arabisch gaba), ein funktioneller und hüftlanger Zweireiher mit breitem Revers und betonten Taschen. Seine Ursprünge liegen in einem arabischen Übergewand, das im 14. Jahrhundert über Sizilien nach Europa kam. Anfang des 19. Jahrhunderts wurde der Gaban als lose geschnittener Herrenmantel mit Zipfelmütze bekannt. In den 1920er Jahren entwickelte sich aus ihm ein bis zu den Oberschenkeln reichender Kurzmantel, der, über dem Geschäftsmantel getragen, auch Stutzer genannt wurde. In den 1960er Jahren wurde der leicht taillierte Zweireiher mit breitem Revers und eingearbeiteten Taschen vorzugsweise in dunkelblau mit Anklängen an die Marinejacke getragen,

Windsor

s. Oliver

CINQUE

Camel Active

Windsor

ERES

Anfang der 1970er Jahre in kamelhaarfarben. Heute ist die klassisch-schlichte Jacke in diversen Stilformen und Stoffen zu sehen.

Windsor

Windsor

Windsor

CINQUE

Bugatti

Windsor

WÄSCHE FÜR DIE FÜSSE

Es gibt Regeln in der Mode, die in keinem Lexikon stehen. Dennoch verdienen sie nicht weniger Beachtung. Eine dieser unausgesprochenen Regeln betrifft die direkteste Bekleidung des Männerbeines, den Strumpf. Mann merke: Der Strumpf sollte so lang sein, dass weder im Stehen noch im Sitzen ein Stück behaarte Männerwade sichtbar wird, denn das zerstört die Perfektion des Outfits. In Farbe, Muster und Material muss der Strumpf zu den übrigen Kleidungsstücken passen. Hier kann Mann zwischen Wolle, Baumwolle, Seide und diversen Mischfasern wählen. Dabei bestimmen das Material der Oberbekleidung und unter Umständen auch die Jahres-

Strümpfe? Bis hierher und nicht kürzer! Aus einer Werbung von Falke 1962.

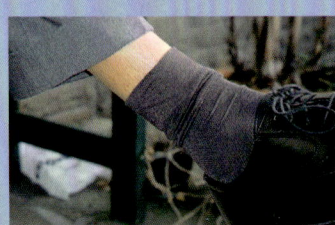

Entblößte Männerbeine? Dagegen helfen längere Socken und Strümpfe.

kann derjenige, der im Sommer zum Beispiel Mokassins oder Turnschuhe trägt. Zu Sandalen verbietet sich der Strumpf von selbst. Unifarbene Strümpfe sind am einfachsten zu kombinieren. Bei gemusterten Exemplaren wird es schon schwieriger, denn die Musterung muss mit der Oberbekleidung harmonieren. Wer also Probleme mit verschiedenen Farb- und Musterkombinationen hat, sollte lieber auf Nummer Sicher gehen und einfarbige Strümpfe wählen. Mann sollte darauf achten, dass der Farbkontrast zur übrigen Kleidung nicht zu groß ist. So sind weiße Strümpfe zum dunklen Anzug und schwarzen Schuhen ein absolutes K.O-Kriterium. Und –

zeit, welches Strumpfmaterial das passende ist. Zu einem eleganten Anzug werden selbstverständlich keine derben Wollstrümpfe getragen, sondern feine seidene Strümpfe. Diese wären zu einer Hose aus schwerem, robustem Material wiederum sehr unpassend. Ganz auf Strümpfe verzichten

Strümpfe mit durchgescheuerten Fersen, ausgeleierten Bündchen oder in verwaschenen Farben gehören nicht zur Garderobe des gepflegten Mannes.

Kunert

Kunert

Kunert

Kunert

Falke

Kunert

Kunert

Falke

SCHUHE FÜR´S BUSINESS

Dezent und edel – so soll er sein, der perfekte Schuh zum Businessdress! Wer glaubt, dass Schuhe lediglich ein modisches Accessoire darstellen, sollte seine Meinung schnell ändern. Denn zu einem perfekten und stilsicheren Outfit gehören in jedem Fall dem Anlass entsprechende und gut gepflegte Schuhe. Selbstverständlich können Schuhe ein missglücktes Outfit nicht wieder wettmachen. Schlechte Schuhe allerdings können ein ansonsten perfektes Outfit leicht zerstören.

Der Schuh hat einige Ansprüche zu erfüllen. Einerseits soll er den jeweiligen modischen Trends folgen, andererseits muss er so bequem sein, dass Mann in ihnen einen langen Arbeitstag bestehen kann. Und so setzen die Hersteller gegenwärtig auf super softe Lederarten und leichte flexible Böden. Bei der Form kann Mann wählen zwischen spitzem, eckigem oder rundem Schuhwerk, zwischen Stiefel, Slipper oder Schnürschuh.

Die unterschiedlichen Schuhstile und -variationen, die in jeder Saison angeboten werden, lassen einen leicht den Überblick verlieren. In Wirklichkeit gibt es wenige Grundformen, nach denen fast alle alle Herrenschuhe hergestellt werden:

Männer mit sicherem Gespür in Stil- und Modefragen haben eine reichliche Auswahl an passenden Schuhen. Wer nicht so sicher ist, sollte zum Business-Anzug einen schwarzen Schnürschuh wie zum Beispiel den

Der Oxford: Der Oxford ist ein Schnürschuh, bei dem das Leder für die Fußkuppe an die Seitenteile genäht ist, die wiederum mit Schnürsenkeln zusammengehalten werden.

Görtz

Der Stiefel: Eine Form, die normalerweise weit über den Knöchel heraus reicht. Dazu gezählt wird auch der knöchellange Schnürstiefel, der so genannte Jodhpur.

Lottusse

Der Derby: Diese Schuhform wird auch Blücher oder Gibson genannt. Bei dieser Form wird das Leder der Fußkuppe unter den Seitenteilen weitergeführt und zu einer Zunge geformt, über der man den Senkel schnürt.

Hugo Boss

Der Mokassin: Er ist ursprünglich aus Wildleder gefertigt und die Urform aller Schuhe ohne Verschluss. Er ist an den Seiten ausgeschnitten und hat eine erhöhte, rundum abgesteppte Fußkuppe.

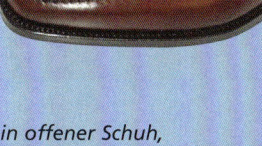

Lottusse

Der Brogue: Er ähnelt dem Oxford, ist aber an der Stelle, wo Ober- und Seitenleder zusammentreffen, mit Lochmuster verziert.

Die Sandale ist ein offener Schuh, der mit Riemen am Fuß gehalten wird.

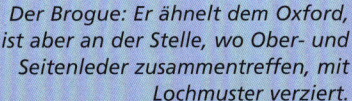

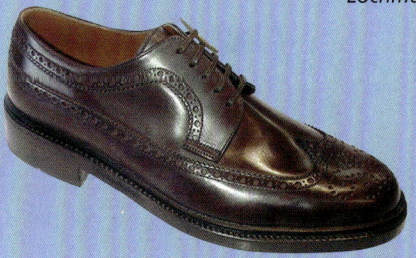

Lottusse

Görtz

Oxford oder den Derby kombinieren. Diese Modelle sind formal korrekt zum Anzug und Mann liegt immer richtig. In die Schuhauswahl sollte auch die Struktur des Leders mit einbezogen werden. Ein sportlicher Wildlederschuh passt ebenso wenig zu einem größtenteils von Hand gefertigt sind. Das Handwerk des Schuhmachers ist sehr alt und von Legenden umwoben. Wie bei allen mittelalterlichen Handwerken schlossen sich die Schuhmacher in Zünften zusammen. Eine der ersten kam in England zustande: The

Das Traditionshaus Lobb in der St. James`s Street Nr. 9 in London.

feinen Anzug wie ein dicksohliger Brogue.

Als Obermaterial für Herrenschuhe verwenden die Hersteller vorzugsweise Kalbs-, Ziegen-, Lack-, Wild- oder aufgerauhtes Schweinsleder. Extravaganzen sind heute im Allgemeinen in der Damenmode zu finden. Das war nicht immer so. In früheren Jahrhunderten war der reich verzierte Schuh bei Herren ebenso beliebt. Mann trug mit Perlen und Gold verzierte Rosetten auf seinen Schuhen. Diese wurden später von den Schuhschnallen abgelöst, die um die Mitte des 18. Jahrhunderts als Statussymbol Reichtum, Stellung und Geschmack des Trägers verrieten. Der Mann von Welt hatte bis zu fünfzig verschiedene Schnallenvarianten – sie reichten von vergoldetem Silber für den täglichen Gebrauch bis zu edelsteinbesetzten Schnallen für feierliche Anlässe.

Der Mann von Welt bevorzugt selbstverständlich Schuhe aus bestem Leder, die zudem

Guild of Cordwainers, ein Name, der sich aus dem Namen der spanischen Stadt Cordoba ableitete, aus der im Mittelalter das beste Leder kam. Maßschuhmacher sind heute nur noch in den wichtigsten Modestädten anzutreffen. Ein Name, der immer fällt, wenn es um Maßschuhe geht, ist John Lobb, London. Seit Generationen beliefert das Traditionshaus der Familie Lobb die englische Aristokratie und den europäischen Adel. Der amerikanische Kundenstamm spielt seit den 1920er Jahren eine zunehmend große Rolle. Die Kundenliste von John Lobb Ltd. liest sich wie das Namensverzeichnis der Erfolgreichen des 20. Jahrhunderts.

Wer sich keine handgefertigten Maßschuhe leisten kann oder will, der kauft eben Schuhe von der Stange. Heute hat die Massenfabrikation ein solches Maß an Perfektion erreicht, dass Mann auch mit solchen Schuhen perfekt aussehen kann.

Lottusse

Lottusse

Lottusse

Hugo Boss

Hugo Boss

Görtz

Görtz

Lottusse

MODISCH UND BEQUEM UNTERWEGS

LÄSSIG IM TREND

Die Industrialisierung war der Ausgangspunkt für eine Entwicklung, die nachhaltige Veränderungen der Lebensgewohnheiten mit sich brachte. Mit steigendem Wohlstand, geregelten Arbeitszeiten und gesicherten Einkommen kam es zu mehr freier Zeit abseits von den beruflichen Pflichten und die Freizeit wurde zu einem eigenständigen Lebensbereich. Und da Lebensstile und Mode eng miteinander verknüpft sind, entwickelte sich die so genannte Freizeitkleidung. Der Name erscheint aus unserer Sicht etwas altbacken und es gibt mittlerweile andere Begriffe, die die Bereiche dieser Mode besser beschreiben. Freizeitkleidung aber war damals nichts anderes als das Synonym für legere und das Gegenstück zu konventioneller und formeller Kleidung. Von der Clubjacke bis zur Jeans, vom Pullover bis zur Khakihose – all diese Kleidungsstücke sind Errungenschaften der so genannten Freizeitmode. Die meisten haben ihren Ursprung in der Sportbekleidung, wie zum Beispiel der Blazer, oder in der Arbeiterkleidung, wie der Pullover oder die Jeans. Sie gelten heute als unentbehrliche Basics und gingen als Klassiker in die Mode ein.

Zu vielen Gelegenheiten, sei es zum Beispiel auf Reisen oder zu informellen Anlässen, trägt Mann gerne den so genannten Casuallook. Damit ist eine bequeme und lässige, aber keineswegs nachlässige Mode gemeint, die alternativ zur formellen Businesskleidung getragen wird. Bekannt ist der Casual-Friday, eine Errungenschaft der New-Economy-Ära. Wie gesagt, casual geht Mann, wenn ein formelles Business-Outfit nicht obligat ist und er zwar leger und lässig, aber nicht zu sportiv wirken möchte. Kombiniert werden zum Beispiel Sakko zu legeren Hosen, Strick zu Fivepockets mit Kreidestreifen und darüber schmale Kurzmäntel oder so genannte Urban Parkas. Gegenwärtig wird viel Wert auf klare und figurbetonte Linien gelegt. Die Farbauswahl ist kraftvoll, aber nicht knallig oder aufdringlich. Das Outfit zeugt von kühler Eleganz oder wilder Romantik und hat immer einen lässigen Charme und einen entspannten Touch. Dabei kann Mann ganz nach Geschmack und Stil eigene individuelle Schwerpunkte setzten. Mag er es besonders lässig, kombiniert er formelle Kleidungsstücke mit sehr ausdrucksstarken sportiven Elementen. Möchte Mann den formell-korrekten Stil betonen, setzt er lediglich dezente Akzente.

Ferraud

Windsor

Windsor

Strenesse Gabriele Strehle

Bäumler

DAKS

Strenesse Gabriele Strehle

Der Blazer – Einer für Alle

Wie viele andere in diesem Buch beschriebene Kleidungsstücke gehört auch der Blazer zu den Klassikern in der Mode. Mann sollte ihn auf jeden Fall in seinem Schrank haben, denn er ist äußerst vielseitig kombinierbar, kann fast zu jedem Anlass getragen werden und macht immer eine gute Figur – ob mit T-Shirt und Jeans in der Freizeit oder mit Hemd, Krawatte und Chinos zu informellen Anlässen. Für alle, die

Zweireihige Clubjacke mit aufgesetzten Taschen und Seitenschlitzen aus den 1960ern.

es nicht wissen: Der Blazer ist eine ein- oder zweireihig geknöpfte Jacke mit Kragen und Revers. Die klassische Form ist hüftlang und hat aufgesetzte Taschen und Goldknöpfe. Modische Blazer können in Schnitt- und Stilform variieren. Natürlich gibt es auch zu dem Blazer Geschichten, die erzählen, wie er seinen Weg in die Mode fand. Der zweireihige Blazer soll entstanden sein, als anlässlich einer Flottenparade zu Ehren Queen Victorias der Kapitän der HMS Blazer seine Mannschaft mit kurzen zweireihigen Jacken, die er zudem mit Goldknöpfen versah, ausstattete. Die britische Monarchin empfand so ein Wohl-

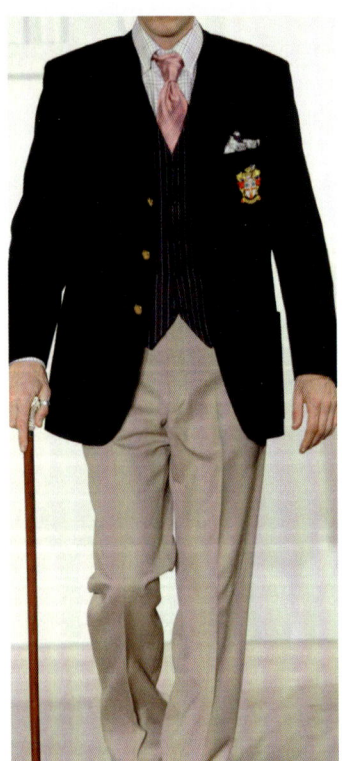

Kombination mit Blazer von DAKS, 2004.

gefallen an dem glänzenden Outfit, dass sie ihre ganze Flotte damit bestückte. Der einreihige Blazer wurde unter dem Namen Clubjacke populär, was bereits Hinweise auf seine Herkunft gibt. Es handelt sich dabei um die Jacken britischer Ruder- und Kricketclubs, die bereits Ende des 19. Jahrhunderts mit ihrem einheitlichen Outfit die Zugehörigkeit zu einer bestimmten Gruppe demonstrierten. Obligat war das Clubemblem auf der Brusttasche und oft auch auf den Knöpfen. Daraus lassen sich zwei Versionen ableiten, wie der Name entstanden sein könnte: to blaze = auffallen, leuchten, strahlen oder blazon = Wappenkunde, Wappenschild.

Der Dufflecoat – Liebhaberstück mit großer Fangemeinde

Unverwechselbar, nie in Vergessenheit geraten und gegenwärtig zu neuer Aktualität gekommen ist der Dufflecoat. Seinen Namen verdankt der Allzweckmantel mit Kultcharakter der belgischen Stadt Duffel, in der ein beigefarbener Wollstoff namens Duffild hergestellt wurde. Der Ursprung des Schnitts wird in dem so genannten Polnischen Rock, einem gehrockartigen Überrock, gesehen, der in der ersten Hälfte des 19. Jahrhunderts sehr beliebt war. Wie der Trenchcoat wurde auch der Dufflecoat durch Kriegsereignisse bekannt. Bei der Landung der Westalliierten in der Normandie am „längsten Tag", dem 6. Juni 1944, fiel der Oberbefehlshaber der Heerestruppen Bernhard L. Montgomery durch seinen eher unmilitärischen Mantel auf, der schließlich in den 1950er Jahren als praktischer Kurzmantel, zunächst bei Schülern, Studenten und Intellektuellen sehr beliebt wurde.

Charakteristisch für den Dufflecoat sind der kastenförmige Schnitt, der tiefe Sattel auf

Mantel mit Kultcharakter: der Dufflecoat

dem Rücken, zwei aufgesetzte Taschen, Knebelknöpfe und Schnurknopflöcher sowie die große Kapuze. Ursprünglich aus dickem Wollstoff gefertigt in den klassischen Farben beige und blau, gibt es ihn heute aus diversen Stoffen und in unterschiedlichen modischen Farben.

Von den Eskimos übernommen und weltweit geliebt: Der Parka.

Der Parka –
Kleidungsstück aus dem ewigen Eis

Wie der Anorak (siehe Kapitel N° 5)kommt auch der Parka aus dem ewigen Eis. Das amerikanische Militär übernahm in den 1940er Jahren die Grundform der traditionellen Jacke der Alaska-Eskimos und machte daraus tarngrüne, bis zum Oberschenkel reichende Army-Jacken mit Tunnelzug, Reißverschluss und großen aufgesetzten Taschen. Während der 1970er Jahre wurde das Kleidungsstück zunächst von den Jugendlichen in die Mode übernommen. Heute sieht man den Parka als sportliche Allroundjacke in modischen Farben und aktuellen Materialien, der zu fast jedem Outfit passt.

Parka und Kurzjacke im Gaban-Schnitt aus den 1970ern.

Feraud

Bugatti

Pringle of Scotland

Marlboro Classics

CINQUE

Camel Active

DIE HOSE

Auf Anhieb die richtige zu Hose finden, den richtigen Schnitt und Stoff, die richtige Farbe und das in jeder Saison?! Das Angebot an Hosenarten, -formen und -typen ist heute fast unüberschaubar. Genauso vielfältig sind auch die Variationsmöglichkeiten, sodass es manchmal schwer fällt, das passende Outfit zu finden. Die Hose hat im Laufe ihres Werdegangs stürmische Entwicklungen durchgemacht. Wurde das Männerbein viele Jahrhunderte von Strümpfen beziehungsweise Strumpfhosen bedeckt – sie hatten mit den heutigen Strümpfen allerdings wenig gemein – kamen im 16. Jahrhundert Schlumperhosen, Pluderhosen, Bundhosen und Schlitzhosen auf, die riesige Mengen Stoff verbrauchten. Im 17. Jahrhundert wurden die Hosen enger und Pumphose und Culotte kamen in Mode. Diese wurden als Kniehose über oder unter dem Knie getragen. Mit der legendären Geschichte New Yorks von Washington Irving 1809 wurde die Knickerbocker geboren (siehe Kapitel N° 5), die später zunächst zum Radfahren populär wurde. Eigentlicher Vorläufer der heutigen Hose sind die Pantalons, die in den Wirren der französischen Revolution entstanden. Seitdem ist die lange Hose die klassische Bekleidung für das Männerbein, auch wenn sie sich bis heute in Schnitt und Stil immer wieder veränderte und diverse Moden durchlebte. Zu manchen Zeiten waren kurze Hosen modern, die gerade bis zu den Knöcheln reichten, dann wieder trug Mann Hosen mit langen, auf dem Fuß aufsitzenden Beinen. Weite Hosenbeine erlebten ebenso ihr modisches Coming-out wie Hosen mit zum Fuß hin enger werdenden Beinen. Dann wieder waren zum Saum hin extrem weit werdende Hosen der letzte Schrei. Die Bügelfalten und der Hosenumschlag kamen Anfang des 20. Jahrhunderts an die Hose (siehe Kapitel N° 2). Nicht zu vergessen ist ebenso die Bundfalte. Ab den 1930er Jahren ersetzt der Reißverschluss zunehmend die Knopfleiste. Körperbetonte Schnitte kamen ab den 1950er Jahren auf, was auch dem Einfluss italienischer Designer zu verdanken ist. Mit den 1960er Jahren wurde die Kleidung unkonventioneller, verursacht durch das sich verändernde Freizeitverhalten und die sportlichere Lebensweise. Starken Einfluss hatte auch die Jugend, die zum Modevorbild schlechthin wurde. War bis dahin der Anzug als tägliche, korrekte Kleidung vorgeschrieben, entwickelte sich neben sportlichen Freizeitanzügen und so genannten Kombinationen die Einzelhose. Charakteristisch für die 1970er Jahre waren

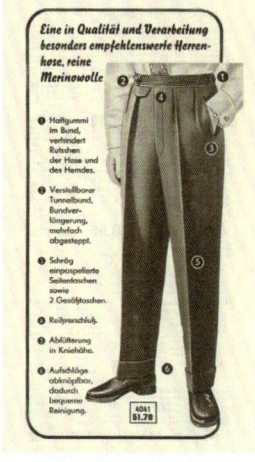

Herren-Gabardine aus den 1950ern mit verstellbarem Tunnelbund, Papel- und Gesäßtaschen, Haftgummi im Bund und Abfütterung in Kniehöhe. Die Hosenaufschläge sind abknöpfbar, so dass sie bequem gereinigt werden konnten.

Verschiedene Hosenformen aus den 1970ern.

die Schlaghosen. In den 1980er Jahren wurden die Bundfalten wieder modern und in den 1990er Jahren trug Mann wieder enge Schnitte. Daneben entwickelten sich bis heute diverse Hosenformen wie zum Beispiel Worker- und Cargo-Hosen, deren Vorbild in der Arbeitskleidung zu finden ist. Letztere kombiniert Mann jedoch zum betont sportiven Freizeitoutfit (siehe hierzu Kapitel N° 5). Den Casuallook bestimmen gegenwärtig schlanke und figurbetonende Schnitte im Chino- oder Flatfrontstil. Jeans passen selbstverständlich auch zum Style. Mann trägt sie sogar wieder mit Bügelfalte.

Ganz egal, ob Hosen mit Bügelfalte oder Bundfalte, ob mit Schlag oder als Röhre, ob sie eine körperbetonte Silhouette oder einen weiten Schnitt haben. Abgesehen von extremen Schnitten, die extreme Tragegewohnheiten fordern wie zum Beispiel die Baggy-Hosen der Jugend, gibt es bei jeder Hose entscheidende Details, die Mann beachten sollte. Denn nur damit sieht eine gute Hose auch gut aus. Entscheidend für

Die Chino ist der ideale Partner zu Sakko, Hemd und T-Shirt und kann gleichermaßen elegant wie sportlich kombiniert werden.

einen perfekten Sitz sind Bauch- und Gesäßumfang, Beinlänge, Bundhöhe und Fußweite. Schlanke Männer sind in der Wahl der Bundhöhe völlig frei. Die Hosen sollten bequem sitzen und weder zu eng noch zu

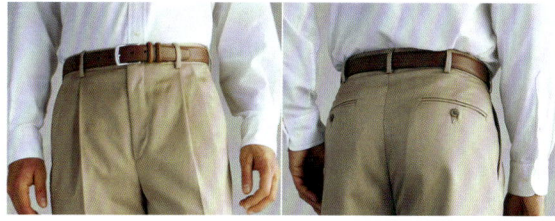

Damit die Hose gut aussieht, muss sie auch gut und richtig sitzen.

weit sein. Bei größerem Bauchumfang sollte der Bund über dem Bauch getragen werden. Unter dem Bauch sitzende Hosen lassen den Umfang größer erscheinen und sehen zudem nachlässig aus. Die Beinlänge trägt Mann lieber ein bisschen zu kurz als zu lang. Das gilt vor allem für Männer mit kleinerem Körperbau, denn kürzere Hosen strecken das Bein.

**Kaffee, Curry und Maulbeersaft –
wie die Khakihose zu ihrem Namen kam**

Khaki, Chino oder auch Dockers – so heißen die gleichermaßen sportlichen wie eleganten Sommerhosen. Sie kann Mann immer dann tragen, wenn Jeans etwas zu leger, die Anzugshose zu formell ist. Um ihre Entstehung ranken sich einige Geschichten. Dabei ist sie erst seit Anfang der 1980er Jahre so richtig populär. Kombiniert mit Blazer und Bootsschuhen wurden sie derzeit zum Lieblingsstyle amerikanischer Studenten. Ralph Lauren kopierte den Look und machte ihn weltweit bekannt. Die international erfolgreiche Casual Pant brachte 1986 dann auch Levi Strauss unter dem Namen Dockers auf den Markt. Die Hose an sich ist aber schon viel älter. Auf ihren Spuren führt die Geschichte nach Indien ins Jahr 1848. Dort hatte der Kommandant eines englischen Regiments, Sir Harry Lumsden, die Idee, die allzu weißen Regimentshosen seiner Soldaten mit einer Mischung aus Kaffee, Curry und Maulbeersaft einzufärben, um sie gegen den allgegenwärtigen Staub unempfindlicher zu machen. Die neue Farbe wurde begeistert aufgenommen und die Inder nannten sie Khaki, was auf Hindi staubfarben oder erdfarben heißt. Der Name Chino entstand erst über 70 Jahre später. Die Legende sagt, dass auf den Philippinen stationierte Soldaten mit den strapazierfähigen Hosen eingekleidet wurden. In Manchester hergestellt, wurden die Hosen nach China verkauft, die wiederum die Hosen auf die Philippinen exportierten. Die Amerikaner nahmen die Hosen mit nach Hause und nannten sie auf Grund ihrer angeblichen Herkunft Chino. Ob Chino oder Khaki, diese Hose kann Mann fast zu jeder Gelegenheit tragen und sehr vielseitig kombinieren. Übrigens soll schon Teddy Roosevelt Khakis auf seinen Afrika-Safaris getragen haben.

Die Jeans – Von Altersschwäche keine Spur

Gibt es jemanden, der keine Jeans besitzt? In Amerika sind sie seit 1900 als preiswerte Arbeiterhosen bekannt. Nach Europa kamen sie erst mit der Landung der Alliierten 1944 und unterstützt von amerikanischen Hollywoodstreifen traten sie von dort ihren unvergleichlichen Siegeszug an. Sie wurden zum Kultobjekt einer rebellierenden Jugend und zum Trauma der Elterngeneration im Nachkriegseuropa. In dem 1973 erschienenen gesellschaftskritischen Erfolgsroman von Ulrich Plenzdorf „Die neuen Leiden des jungen W." drückt der Protagonist Edgar Wibeau seine Verbundenheit zu der blauen Hose so aus: „Natürlich Jeans! Oder kann sich einer ein Leben ohne Jeans vorstellen? Jeans sind die edelsten Hosen der Welt ... Ich meine Jeans sind eine Einstellung und keine Hosen". Die immense Beliebtheit und Marktbedeutung der Jeans rief eine ganze Reihe von Herstellern auf den Plan und auch die Designer wurden auf die Hose aufmerksam. In den 1980er Jahren gehörte die Jeans zum Freizeitlook wohlhabender Jugendlicher und junger Erwachsener und aus der antibür-

Keine andere Hose gehört so selbstverständlich zum alltäglichen Outfit jeder Altersklasse wie die Jeans. Dabei gibt es neben der Jeans in unterschiedlichsten Farben auch Hemden, Jacken und Westen für jeden geschmack und Style.

At Last! A Nation's Need is Supplied-

DISCARD your old fashioned overalls, men! Slip on a suit of **Lee Union-Alls**! You'll never wear anything else to work in. Such an improvement! Such convenience! Such service! It's the work garment men in all walks of life have been waiting for. The mechanic, the motorist, the farmer, the laborer, the man who does odd jobs about the home and works in his garden—to every one of these, **Lee Union-Alls** are a revelation of comfort, convenience and serviceability. You'll forget there was ever such a word as "overall." Work clothing will mean **Union-Alls** to you first, last and all the time. Cost no more, either, than old fashioned, inconvenient, binding two-piece garments.

Lee Union-Alls are all in one piece (like your union underwear), which means there is no belt to bind, no double thickness at the waist, no jacket tails to get in the way. The suit slips on easily and quickly and can be worn conveniently and comfortably over clothing or next to your underwear. It is already the fastest selling work garment ever manufactured. You'll know why the minute you put on a suit.

Lee Union-Alls are made to endure the hardest wear—every strain point reinforced— all seams triple stitched; every button hole machine stitched; eight convenient pockets. **Lee Union-Alls** are made of Khaki, blue denim, express stripe, pin check or white drill.

Lee Union-Alls for children are made "just like Dad's," a complete one-piece suit, that pays its cost many times in the saving of clothing, washing bills, stockings, etc.

Lee Union-Alls are at first class dealers' everywhere. If your dealer cannot supply you, send your order direct to any of our factories, enclosing post office money order and stating size and material desired. Sent prepaid to any address in the U. S. Take no substitute. There is none "just as good."

| MEN'S: 34 to 50 chest, $3.00 | BOYS': 7 to 11 years $1.75 |
| YOUTHS': 12 to 17 years, $2.25 | CHILD'S: 2 to 6 years, $1.50 |

UNION Lee MADE Union-Alls
TRADE MARK REG.

DEALERS: If you wish to know more about this popular garment and the tremendous sales being made, write today.

The H. D. Lee Mercantile Co.
FACTORIES AND BRANCHES AT
Kansas City, Mo., Kansas City, Kans., Salina, Kans. Waterbury, Conn., South Bend, Ind.

Erste Werbung der Firma Lee von 1927.

gerlichen Protesthose wurde ein anerkanntes Designerstück. Heute gehört die Jeans zum alltäglichen Outfit jeder Altersklasse und zur Grundausstattung eines jeden Kleiderschrankes.

Als der Urvater der Jeans, Levi Strauss, 1847 aus der kleinen fränkischen Gemeinde Buttenheim in Deutschland nach Amerika auswanderte, konnte er nicht wissen, dass seine spätere Erfindung für viele zur Weltanschauung und zum textilen Kult für Generationen wurde. Die Nachrichten von Goldfunden an der Westküste Amerikas

Levis 501

Levis Strauss gilt als der Urvater der Jeans.

brachten Levi nach Kalifornien. Dort angekommen fertigte er für die Goldgräber robuste Arbeitshosen, die den Strapazen des Goldschürfens standhielten. Als Stoff nahm Levi ein blau gefärbtes strapazierfähiges Baumwollgewebe, das bereits im Mittelalter in der südfranzösischen Stadt Nîmes hergestellt wurde und in Europa unter dem Namen Serge de Nimes bekannt war. In der amerikanischen Umgangssprache wurde daraus ein kurzes Denim. Das Wort Jeans entwickelte sich ebenso aus dem amerikanischen Slang. Den Goldgräbern waren ähnliche Hosen von den Seeleuten aus Genua bekannt. Aus diesen Hosen, den Genes, wurde der Begriff Jeans.

Auf dem Weg zu der klassischen Blue Jeans

fehlten jetzt nur noch die Metallnieten. Da die Hosentaschen nicht hielten, wenn darin Gesteinsproben untergebracht wurden, hatte der polnische Immigrant Jakob W. Davis die Idee, die gefährdeten Stellen mit Kupfernieten zu sichern. Gemeinsam mit Levi Strauss meldete er die Nietenhose 1873 zum Patent an. Das war die Geburtsstunde der Blue Jeans.

Die Blue Jeans in ihrer ursprünglichen Form wird heute ergänzt durch eine Reihe anderer Ausführungen in Schnitt, Material und Ausrüstung. Auch ist die Blue Jeans nicht mehr nur blau, sondern in den jeweils angesagten Modefarben zu haben. Und sie ist auch nicht mehr allein – längst gibt es Jeansjacken, -hemden, -mäntel und -westen. Mittlerweile hat die Jeans ihren 150. Geburtstag gefeiert. Von Alterschwäche keine Spur.

Lee

Jeansgrößen

Richtige Jeans werden in amerikanischen Inch-Größen angeboten. Diese bestehen aus zwei Angaben. Die erste Zahl bezeichnet die Bundweite, die zweite Zahl die Bein- bzw. Schrittlänge. Beide Angaben können beliebig miteinander kombiniert werden, sodass Mann auf jeden Fall die passende Hose findet. Es gibt Unisex-Modelle sowie Jeans, die speziell auf die Frau oder den Mann zugeschnitten sind. Jeans für den Mann haben eine höhere Hinterhose sowie eine niedrigere Leibhöhe.

Bundweite

In cm	70-72	72-74	75-77	77-79	80-82	82-84	85-88	89-92
In inch	28	29	30	31	32	33	34	36
Größe	40	42	44	46	46/48	48	50	52

Beinlänge

In cm	71	76	81	86	91
In inch	28	30	32	34	36
	kurz	relativ kurz	normal	relativ lang	lang

DAS HEMD

Als optimaler Kombipartner für Anzüge und Sakkos oder als Solist zur Hose spielt das Hemd für jeden Mann mit Stil und Geschmack eine zentrale Rolle. Mit einer gut durchdachten Auswahl kann Mann seine Garderobe ansprechend und abwechslungsreich kombinieren. Nur wenige Männer verzichten auf Hemden so gut wie ganz. Bei den Casual-Hemden ist fast alles erlaubt. Mal lässig elegant oder edel-sportiv, mit und ohne Krawatte oder über dem Hosenbund getragen zeigt sich

Der Button-Down mit angeknöpften Kragenspitzen ist weniger förmlich und kann gut zum legeren Outfit getragen werden.

das beliebte Kleidungsstück überaus flexibel. Heiter und sanft, frisch und vielfarbig sind gegenwärtig die modischen Hemden. Karos und Streifen sind das beliebteste Dessin beim Mann. Viele Hemden führen ein Doppelleben und werden ebenso zum klassisch-formellen Anzug wie ohne Jacke zur Jeans oder Khaki getragen. Eine Errungenschaft unserer heutigen Mode ist die Brusttasche, die mit dem Verschwinden der Herrenweste nach dem Zweiten Weltkrieg aufkam. Damit verschwand auch die Möglichkeit, praktische Utensilien bei sich zu tragen. Die Lösung brachte die kleine Brusttasche. Wer kennt ihn nicht, den viel beschäftigten Manager, in dessen Brustasche stets ein Füllfederhalter ruht. Nach Meinung der wahren Hemdenpuristen darf eine Brusttasche auf einem klassischen Hemd jedoch nicht vorkommen. Sie gehört allein an das Casual-Hemd. Ähnliche Meinungen gibt es zum Button-Down-Kragen, der mit seinen angeknöpften Kragenspitzen nur wenig förmlich wirkt. Über die Geschichte des Hemdes, seine Entwicklung und seine Bedeutung erzählt das vorhergehende Kapitel. Hier soll etwas dazu gesagt werden, was Mann bei der Wahl des Hemdes vielleicht beachten sollte. Auch wenn manche Dinge

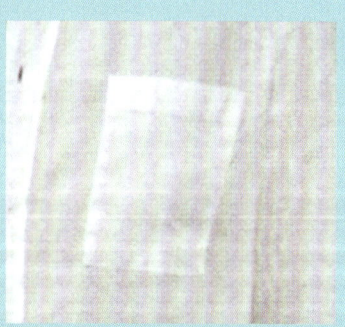

Die Brusttasche ist eine Errungenschaft der heutigen Mode. Streng genommen hat sie auf Business-Hemden nichts zu suchen.

banal klingen, können sie mitunter einen erheblichen Effekt erzielen. So kommt es vor, dass trotz perfekter Kleidung der Kopf irgendwie absticht und so das ganze Aussehen unharmonisch wirkt. Verursacht wird dieser Effekt oftmals durch zu große Farbunterschiede. So kann beispielsweise ein

Hom-Werbung für City-Hemden in den 1970ern.

rötlicher oder blasser Typ eine zu dunkle oder zu kräftige Farbe nicht auffangen. Hier empfehlen sich etwas hellere oder weniger kräftige Farben. Auch auf viel Weiß sollte ein rötlicher Teint verzichten, denn Weiß untereicht das Rot. In der heutigen Mode sind die Altersgruppen von Stilgruppen abgelöst worden. Mode wird je nach Stil und Geschmack von jeder Altersgruppe getragen. Und das ist gut so. Dennoch wirken zu jugendliche oder zu düstere Hemden leicht ungepflegt. Bei einem langen Hals entsteht leicht dieser Eindruck, wenn das Hemd offen getragen wird. Abhilfe schafft ein hochgeschlossenes Hemd oder Binder. Vorsicht ist auch beim Übergang von Hemd zur Hose geboten. Eine lässig sitzende Hose kann bei einem vollkommenen Körper einen gewissen Charme versprühen. Andere Figuren sollten auf einen perfekten Sitz des Hemdes wie auch der Hose achten, und der befindet sich in der Höhe der Taille.

Frische Farben, die zum Hautton passen, der richtige Ausschnitt und Asseccoires wie Schals und Tücher sorgen für eine junge und gepflegte Ausstrahlung.

van Laack

Marc O'Polo

van Laack

van Laack

Pelo

Olymp

van Laack

Pringle of Scotland

van Laack

Seidensticker

Pringle of Scotland

Seidensticker

Seidensticker

Pringle of Scotland

Seidensticker

Seidensticker

Pelo

Olymp

Falke

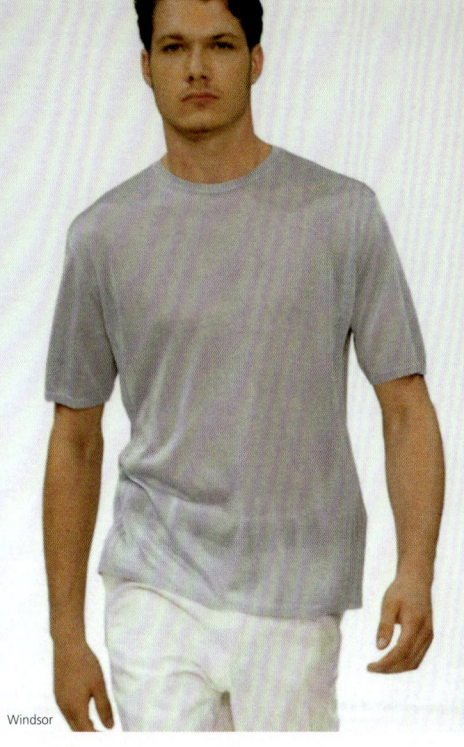
Windsor

Pringle of Scotland

Männermaschen

Maskuliner Grobstrick, Fein- oder Struk-
turstrick. Roll- oder Polokragen, V-Necks,
Rundhalsformen oder Zippjacken. Unis,
Ringel oder Streifen, Drucke, Applikationen
oder Stickereien, Musterungen in Form von
Rauten oder Norwegerstyle – die Männermasche zeigt sich in ihrer Schnitt-, Form- und
Farbpalette innovativ und
überaus vielseitig. Neben
Wolle werden Baum-
wolle, edles Kaschmir
oder hochwertige Kunst-
fasern pur oder in
Mischungen verarbeitet.
Jumper, so wurde der
Stricküberzieher der Ma-
trosen genannt, die für

*Die 1970er: Modischer eng anliegender Rollkragen-
pulli, Freizeithemd mit typischem Druckdessin, hohem
langschenkeligem Kragen und Sportmanschetten und
Pullunder mit tiefem, abgerundetem Halsausschnitt.*

ihre Arbeit in den Takelagen warme und elastische Kleidung benötigten. Daraus entwik-
kelte sich im ausgehenden 19. Jahrhundert
der so genannte Sweater für den Sport, der
sich beim Reiten, Golfen, Tennis oder
Fahrradfahren als überaus praktisch erwies.
Nach dem Ersten Weltkrieg wurde daraus der
Pullover, der zunehmend seine Rolle als ein-
stige reine Sportbekleidung aufgab und

Einzug in die Alltagsgarderobe hielt. Um einen
sportlichen Stil zu betonen, trug Mann den
ärmellosen Pullover an Stelle der An-
zugsweste. Dünne, fein gestrickte Rollkra-
genpullover ersetzten sogar eine Zeit lang
Hemd und Krawatte in der Abendgarderobe.
Populär wurde dieser Stil durch Künstler wie
Herbert von Karajan und Leonard Bernstein.
Diese Kombina-
tion blieb aller-
dings Künstlerkrei-
sen vorbehalten. Ins
klassisch-formelle
Männermoden-
Segment ist Strick
bis heute noch
nicht endgültig vor-
gedrungen. Im ur-
banen Casualbereich aber spielt die feine
Männermasche eine große Rolle. Mann trägt
sie solo zur Hose oder in Kombination zum
Hemd oder T-Shirt.

Windsor

Burlington

Windsor

Wie das T-Shirt in die Mode kam

Angeblich soll es Queen Victoria von England gewesen sein, der wir das T-Shirt in seiner klassischen Form zu verdanken haben. Damit sie 1890 bei einer Inspektion der Navy nicht mit dem Achselhaar der Matrosen konfrontiert wurde, ließ der Kapitän kurze Ärmel an die Unterhemden nähen. In den darauf folgenden Jahren wurde das kurzärmelige Hemd mit knopflosem Ausschnitt, das den Hals unterhalb des Kinns hautnah umschloss, als modische Unterwäsche und praktische Sportbekleidung getragen.

Zu Weltmode wurde das schlichte weiße Unterhemd in den 1950er Jahren. In dem Hollywoodstreifen Endstation Sehnsucht (1951; Originaltitel: A Streetcar Named Desire) verhalf Marlon Brando dem Kleidungsstück in der Rolle des heruntergekommenen Trinkers Stanley Kowalski, den muskulösen Oberkörper in ein eng anliegendes T-Shirt verpackt, zum modischen Durchbruch. Das T-Shirt wurde, in idealer Ergänzung zur Jeans, zum Outfit einer nach Freiheit strebenden Jugend. Inzwischen ist das T-Shirt gesellschaftsfähig und globales Outfit für Jung und Alt. Jährlich werden weltweit über zwei Milliarden Stück verkauft.

Selbstverständlich gibt es Anlässe und Kleidungsstücke, die in Kombination mit dem T-Shirt wohl etwas gewagt sind. Grundsätzlich aber ist wohl dem Designer Helmut Lang zuzustimmen: „Das T-Shirt ist das einzige Kleidungsstück, das sich unseren Wünschen völlig unterwirft. Mal Unterwäsche, mal Oberbekleidung, es ändert sich je nach Sitten und Saison." Hersteller und Modedesigner finden immer wieder Wege, dem bis heute konkurrenzlosen Kleidungsstück neue Varianten hinzuzufügen. Neben der klassischen Form gibt es Modelle mit verschiedenen Schnittformen an Arm und Hals, mit knöpfbarer Brustleiste oder Brusttasche. Auch in der Stoffauswahl beschränkt man sich nicht mehr nur auf die herkömmliche Baumwolle. Eine besonders innovative Kreation der 1990er Jahre war das Tatoo-Shirt des französischen Designers Jean-Paul Gaultier, der mit All-over-Drucken auf durchsichtigen, dehnbaren Stoffen die Optik eines Bodypaintings erzielte. Spätestens in den 1970er Jahren kam man auf die Idee des T-Shirt-Prints und machte es zum Medium. Die weiße Fläche ohne störende Knopfleisten und Nähte eignete sich hervorragend als Träger von Bekenntnissen, Slogans und politischen Äußerungen. I ❤ N.Y. von Milton Glaser wurde millionenfach auf T-Shirts gedruckt. Che Guevara oder das Emblem der Rolling Stones, die Zunge von John Pasch, waren ein absolutes Longseller-Motiv.

Marlon Brando als Stanley Kowalski in dem Hollywoodstreifen „Endstation Sehnsucht" 1951.

T-Shirts mit Kultstatus: Che Guevara und Hard-Rock-Café

Berühmt sind auch die Punk-Shirts von Vivienne Westwood. Als Margaret Thatcher 1984 die britische Designerin Katherine Hamnett empfing, trug diese ein T-Shirt mit der Aufschrift "58% don't want pershing".

Gedruckt wird überhaupt alles, was gefällt. Zu sehen sind Fan-, Konzert-T-Shirts, Souvenir-Shirts oder so genannte Art-Shirts. Firmen verschenken ihren Schriftzug, Städte zeigen ungeahnten Lokalpatriotismus und auch Designer lassen ihre Label auf das einfache Kleidungsstück drucken. Aus Coca-Cola wird Co-Caine oder man erfindet seine eigenen Kreationen mit dem T-Shirt-Painter. Die Möglichkeiten sind grenzenlos. Klassiker allerdings war und ist bis heute das weiße T-Shirt, daneben noch in schwarz oder grau. Zu allem tragbar wird das T-Shirt immer seinen festen Platz im Kleiderschrank haben.

Das Poloshirt

Das Poloshirt ist eine gute Alternative. Mann fühlt sich angezogen als sei es ein Hemd und lässig als sei es ein T-Shirt. Die Engländer importierten das beliebte Kleidungsstück Ende des 19. Jahrhunderts zusammen mit dem Polosport aus Indien. Weltweit bekannt machte es René Lacoste. Der französische Tennisstar der 1920er Jahre ließ eigens für sich ein Sportshirt anfertigen, welches den Hemden der Polospieler nachempfunden war: in Schlupfform, mit weichem flachem Kragen und Knopfleiste. Als späterer Textilunternehmer machte Lacoste sein Hemd mit dem Krokodil zunächst als Sportshirt populär. In den 1960er Jahren wurde es in die Freizeitmode übernommen und avancierte in den 1980er Jahren zum Statusobjekt. Als winterliche Version des Polohemdes wird gerne der Pullover mit Polokragen getragen. Mann kann ihn auch mit einem Hemd kombinieren, dabei sollte auf eine Krawatte verzichtet werden.

Lee

Das Poloshirt als Alternative zum Hemd und T-Shirt. Die typische Kragenform findet Mann auch an Pullovern, die mit einem Hemd kombiniert gern von modisch bewussten Männern getragen werden.

Hutgrößen

Weltweit	XS	S	M	L	XL	XXL
Europa In cm	52 - 53	54 - 55	56 - 57	58 - 59	60 - 61	62 - 63
Engl. Zoll	$6^{1}/_{2}$	$6^{5}/_{8}$ - $6^{3}/_{4}$	6 - $6^{7}/_{8}$	$7^{1}/_{8}$ - $7^{1}/_{4}$	$7^{3}/_{8}$ - $7^{1}/_{2}$	7 - $7^{5}/_{8}$
Amerik. Zoll	$6^{5}/_{8}$	$6^{3}/_{4}$ - $6^{5}/_{7}$	7 - $7^{1}/_{8}$	$7^{1}/_{4}$ - $7^{1}/_{8}$	$7^{1}/_{2}$ - $7^{5}/_{8}$	$7^{1}/_{2}$

MODISCH BEDECKT

MODISCH BEDECKT

Nachdem Mützen und Kappen von den Köpfen nicht mehr weg zu denken sind, ist auch der Hut wieder gefragt. Mann trägt ihn zum elegant lässigen Outfit, wobei das Design der schmückenden Kopfbedeckungen berühmten Klassikern nachempfunden ist. Wie zum Beispiel dem Panamahut, der eigentlich Ecuadorhut heißen müsste. Seit Jahrhunderten wird er dort aus den Blättern der Toquillapalme mit großer manueller

Spencer Tracy in der Verfilmung des Erfolgsromans von Ernest Hemmingway „Der alte Mann und das Meer".

Fingerfertigkeit von Hand geflochten. Ein ecuadorianischer Hutmacher benötigt allein für das Flechten acht Stunden. Durch späteres Bleichen, Trocknen und Pressen erhält der Panamahut seine typische Farbe und Passform. Im Übrigen ist er sehr flexibel und kann leicht zusammengerollt und gefaltet werden. Populär wurde der stilvolle Hut während des Baus des Panamakanals, der durch

die Landenge von Panama Atlantik und Pazifik verbindet und im August 1914 eröffnet wurde. Zur Durchfahrt des 81 Kilometer langen und bis zu 300 Meter breiten Kanals werden sieben bis acht Stunden benötigt. Nordamerikaner und Europäer fanden gleichermaßen Gefallen an dem leichten, luftigen und lichtdichten Hut der Indios. Berühmte Köpfe wie der Impressionist Max Liebermann, der Schriftsteller Ernest Hemingway und der Politiker Winston Churchill trugen ihn.

Schmuck, Schutz und Auszeichnung – diese Aufgaben erfüllte die Kopfbedeckung bereits im ägyptischen Altertum. Im Mittelalter, als sich der Hut als allgemeiner Bestandteil der Bekleidung durchsetzte, hatte jede soziale Schicht eine spezifische Kopfbedeckung. Beispielhaft sind auch die Krone der Könige und die Mitra der Kirchenfürsten. Im Laufe der Jahrhunderte haben sich zahlreiche Hutformen entwickelt: Bekannte Namen unter ihnen sind neben dem Panamahut zum Beispiel der Zylinder (siehe Kapitel N° 6), der Stetson, der Trilby, der Homburger, die Melone oder der Borsalino. Während sie früher zum alltäglichen Straßenbild gehörten, haben viele von ihnen heute jede Bedeutung verloren. Manche von ihnen behaupten sich immer noch als Nischenplayer oder werden immer mal wieder neu entdeckt.

„Stetson, it's not just a hat, it's the hat" so der Slogan der Stetson Company, Missouri, die mit die bekanntesten Hüte der Welt herstellt. Mit 110 Dollar für Material, Arbeitsgeräte und Räume legte der Hutmacher John B. Stetson 1865 den Grundstein der erfolgreichsten Hutfabrik Amerikas, die heute Hüte in Hunderten von verschiedenen Stilrichtungen produziert. Darunter auch den Ersten, den Hat of the West oder Boss of the Plain, der immer noch der Klassiker unter den Stetson-Produkten ist. Es ist der weltbekannte Cowboyhut mit der breiten Krempe, die vor Sonne schützt und wie eine Wasserrinne wirkt. Der Form nach geht der Cowboyhut wiederum auf den spanischen Sombrero (spanisch von sombra = Schatten) zurück, der bereits im Mittelalter als Sonnenschutz getragen wurde. Hüte – ein Hut besteht grundsätzlich aus einem Kopfteil und einem Rand – werden aus Stoffen, Fasern oder Filzen hergestellt. Das Filzen ist eine uralte Technik nomadischer Völker. Zur Filzproduktion werden Kaninchen-, Hasen- oder Biberhaare verwendet. Zwischen100 und 200 Gramm Haare werden zur Herstellung eines Exemplars benötigt. Das entspricht ungefähr drei Tierfellen. Qualitativ hochwertige Filzhüte haben eine seidige Oberfläche und gelten als unverwüstlich.

Marlboro Classics

Ein weiterer Klassiker unter den Filzhüten ist der Borsalino. Wie der Stetson bezeichnet auch er keinen Huttyp, sondern eine Marke. Benannt ist er nach dem italienischen Hutmacher Giuseppe Borsalino, der 1857 eine Hutfabrik in Mailand gründete. Sie produziert noch heute eine riesige Auswahl an Hüten. Mehr als 4000 Exponate sind dort in einem Hutmuseum zu besichtigen. Mann kennt den Borsalino als Teil der Berufskleidung von Filmgrößen wie Alain Delon oder Jean-Paul Belmondo.

STRUMPFGESCHICHTEN

Der Strumpf hat eine lange Geschichte. Archäologische Funde zeugen von bis zum Knie gewickelten Leder- und Stofflappen, die bei den Kelten und Germanen huson oder hosa genannt wurden und sich bis ins 16. Jahrhundert hielten. Während der Zeit des Byzantinischen Reiches war in der Oberschicht das Tragen von bunten und gemusterten Wadenstrümpfen aus Brokat oder Seide üblich. Gegen 1500 entwickelte sich die Strumpfhose für das männliche Geschlecht. Grund waren die kaum hüftlangen Röcke. Beliebt waren Strümpfe oder Strumpfhosen in vielen bunten Farbzusammenstellungen. Der Adel trug handgestrickte Strümpfe, die als Symbol von Reichtum, Macht und Luxus galten. So liebte beispielsweise Heinrich der VIII. gestrickte seidene Strümpfe. Er gilt überhaupt als einer der ersten, der solche Strümpfe trug.

Der englische Pfarrer William Lee baute 1589 den ersten mechanischen Strumpfwirkstuhl. Der Beruf des Strumpfwirkers etablierte sich als Handwerk, das den Zunftregeln unterlag. Gegen Ende des 18. Jahrhunderts tauchten die ersten Rundwirkstühle auf, mit denen nahtlose Schläuche hergestellt werden konnten. Mit dem Aufkommen der langen Hose im 19. Jahrhundert wurden die Strümpfe kürzer und Mann trug sie wadenlang. Die so genannte Socke wurde mit einem gerippt gestricktem Band oder mit Sockenhaltern, einem über der Wade gelegten Band, gehalten. Später verwendete Mann auch Gummibänder. 1868 entwickelte der englische Konstrukteur William Cotton, die nach ihm benannte Cotton-Maschine, auf der in einem Arbeitsgang bis zu 40 Strumpfteile hergestellt werden konnten. Mit dem Aufkommen der Socke wurde die Strumpfhose aus der Herrenmode verdrängt. In dieser Zeit wurden Socken mit Fantasiemustern wie Ringel-, Karo- und Streifenmuster modern.

Die Wahl der Strümpfe hängt in erster Linie vom persönlichen Geschmack ab. Farbe und Machart sollten selbstverständlich mit der Oberbekleidung übereinstimmen und nicht dominieren. Wer unsicher mit gemusterten Strümpfen ist, greift auf unifarbene zurück. Bei Musterungen stimmt Mann die dominierende Farbe des Musters mit der Farbe des T-Shirt, des Hemdes oder des Pullovers ab.

Handgestrickter Pontifikalstrumpf aus dem 11. Jahrhundert.

Wirkstuhl zur Strumpfherstellung im 18. Jahrhundert. Die damals so hergestellten Strümpfe hatten noch nichts gemein mit der heutigen feinen Strickware.

Strickwarenproduktion auf Hand-Flachstrickmaschinen um 1925.

VON SLIPPERN, SCHNÜRERN UND STIEFELN

Im vorangegangenen Kapitel wurden die Grundformen des Schuhs beschrieben, aus denen Hersteller und Designer viele Varianten und Formen entwickeln. Welchen Schuh Mann trägt, hängt von mehreren Faktoren ab. Der Schuh sollte zum Gesamtoutfit passen und sollte dem Anlass entsprechen. Je förmlicher das Outfit, desto weniger passen legere Schuhe. Der Schuh sollte darüber hinaus den individuellen Typ des Trägers unterstreichen. Im Casual-Bereich wird Mann nicht allzu viele Probleme haben seinen persönlichen Favoriten zu finden. Unter den angebotenen Modellen ist zu jedem Outfit und jedem Stil der passende Schuh zu finden – ob ein chicer softer Loafer oder geschmeidiger City-Mokassin, ein klassischer Schnürschuh wie beispielsweise der Brogue oder Stiefel im Cowboystil. Letztere deuten es schon an, Männermode lässt sich gegenwärtig wieder von Westernelementen inspirieren. Und was wäre der moderne Asphaltcowboy ohne Stiefel?! Da diese Fußbekleidung schon immer kontrovers gehandhabt wurde, soll dem Ursprung und der Geschichte des kultigen Schuhwerks etwas nachgegangen werden.

Die Schuhe des Charles H. Hyer

Mann erinnert sich gerne an die Cowboys in Nordamerika, die vor mehr als 150 Jahren als beeindruckende Reiter, Schützen und Pfadfinder ihre Viehherden mitten durch die Prärien zu den Fleischmärkten im Mittleren Westen trieben. Die meisten der Männer waren ehemalige Soldaten der Konföderierten Armeen, die nach dem Sezessionskrieg eine neue Form des Broterwerbs suchten. Da sich die ehemaligen Stiefel aus dem Bürgerkrieg nicht für den neuen Job eigneten, sie waren vorne zu breit und im Absatz flach, suchte man nach neuen Ideen. Und die kamen – so sagt eine Geschichte – in Person eines Schusters aus Kansas und seines Bruders, Charles H. und Edward Hyer, Söhne eines deutschen Einwanderers, die ein Schustergeschäft betrieben. Eines Tages soll ein unbekannter Cowboy bei den Hyers Stiefel in einer bis dato unbekannten Form verlangt haben: Vorne spitz zulaufend, damit man schnell und einfach in die Steigbügel rutschen konnte, einen höheren abgeschrägten Absatz, um den Steigbügel nicht zu verlieren und einen hohen Schaft mit einem Bogenrand. Charles Hyer fand Gefallen an der neuen Form, übernahm und etablierte sie. Die Marke Hyer erlangte großen Bekanntheitsgrad. Selbst Buffalo Bill, Teddy Roosevelt und Dwight Eisenhower sollen Hyer-Stiefel getragen haben.

Kunert   Kunert   Falke

Mokassin und Loafer – bequem und leicht

Bestickt mit farbigen Stachelschweinborsten und mit Lederfransen verziert – so kennen wir diesen Schlupfschuh aus legendären Filmen als ursprüngliche Fußbekleidung nordamerikanischer Indianer und kanadischer Jäger. In den 1930er Jahren wurde der Mokassin in abgewandelter Form als Sportschuh für den Mann entdeckt. Insbesondere die Italiener brachten es zu wahren Paradestücken. Der Loafer von Gucci mit den vergoldeten Schnallen in Hufeisenform als Referenz an den Reitsport und den Gründer der Firma Gucci, den Sattlermeister Guccio Gucci, wurde weltberühmt und avancierte zum zeitlosen Klassiker. Heute gilt der Mokassin oder auch Loafer als Allrounder, der ebenso zum Anzug wie zum smarten Citylook getragen werden kann.

Der Brogue

Der Brogue mit seiner typischen Lochmusterverzierung ist ein in der Herrenmode fest etablierter Straßenschuh. Er ist auch unter der Bezeichnung Budapester bekannt, weil in Ungarn sehr gute Schuhe hergestellt werden. Ursprünglich war er ein einfacher und praktischer Bauernschuh der Iren, der dem Fuß nichts anderes als optimalen Schutz bieten sollte. Daher auch die eingestanzten Löcher, durch die das Wasser abfließen sollte, welches sich bei den Märschen durch die nasse irische Landschaft im Schuh ansammelte. Später wurde er als idealer Schuh von den englischen Jägern und Wildhütern übernommen, dann als eleganter Sportschuh der Golfer. Ende der 1920er Jahre fand er mit den Dandys seinen Weg in die Mode. Bis heute hat er sich als City- und Freizeitschuh bestens bewährt.

Conley's

Bäumler

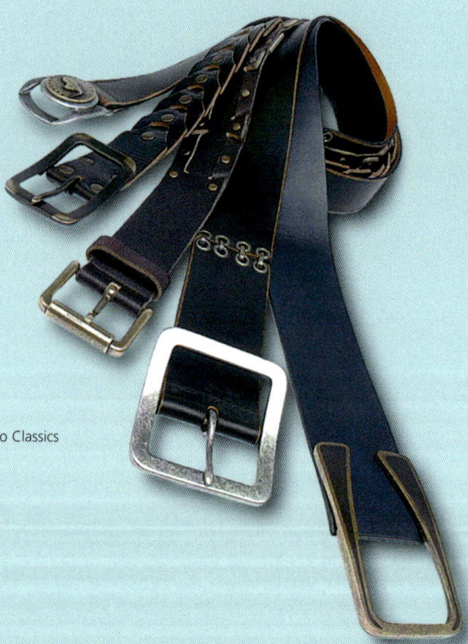

Marlboro Classics

Strenesse Gabriele Strehle

Koil

Camper

Red Wing

Koil

Marlboro Classics

Koil

Lee

Bäumler

Marlboro Classics

Camel Active

Red Wing

Lottusse

Lottusse

Camel Active

MODISCH
FIT & IN FORM

In den letzten Jahrzehnten hat der Sport immer mehr an Bedeutung gewonnen. Egal ob vor dem Fernsehapparat oder aktiv – Sport spielt für die meisten Menschen eine große Rolle. Für immer mehr Menschen ist körperliches Wohlgefühl und Fitneß Ausdruck von Lebensqualität. Dabei geht es um mehr als den sportlichen Ehrgeiz. Die Bewegung in freier Natur, die Zugehörigkeit zu einer Gruppe und der Spaß an der Sache an sich machen den Sport erst zum richtigen Vergnügen. Kleidung, die einerseits funktional und zweckmäßig, andererseits den jeweiligen Modetrends und Stilregeln entspricht, ist dabei unerlässlich.

WELTWEIT GOLFEN

Ob an den Stränden von Guadeloupe oder Kalifornien, auf den Bermudas, in Südafrika oder der Wüste von Dubai. Ob Skigolfen in Amerika oder Eisgolfen in den Alpen oder Skandinavien. Auf so genannten Golf & Cruise-Touren an Bord eines Kreuzfahrtschiffes cruisen und auf fernen Greens dem Hobby frönen. Mit dem Windjammer Golfplätze an den schönsten Küsten der Welt anfahren. Golf als Sport steht ganz oben. Allein in den USA gibt es über 12.000 Golfplätze, auf denen jährlich über 20 Millionen Menschen spielen. Das Image der altväterlichen Beschäftigung reicher Rentner hat sich gewandelt. Golf hat sich zum allgemeinen Freizeitvergnügen einer neuen und jungen Golfgeneration entwickelt. Wesentliche Schubkraft kam auch in diesem Sport durch Spitzensportler wie zum Beispiel Tiger Woods. Wie kein anderer eignet sich der Golfsport für Menschen jeder Altersklasse und körperlichen Verfassung. Dabei stellt er mit einer Kombination aus Beweglichkeit, Konzentrationsfähigkeit und Ausdauer ziemlich hohe Anforderungen an den Sportler.

Erfunden wurde der Golfsport vor mehr als 500 Jahren auf den Britischen Inseln. Die ersten Golfclubs außerhalb Großbritanniens wurden bezeichnenderweise in Indien ge-

Golfschuhe nach Maß fertigt Hubert Gassenschmidt aus Baden-Baden.

Dubai ist das Traumziel eines jeden Golfers. Das Bild zeigt das Klubhaus des Emirates Golf Club (18-Loch).

gründet; 1829 in Kalkutta, 1842 in Bombay. Im Jahre 1900 wurde Golf erstmals olympisch. Der älteste und berühmteste Golfplatz der Welt ist der Old Course von St. Andrews in Schottland. Jeder Golfer träumt davon, hier einmal den Ball zu schlagen. Zu Hause ist hier der Royal and Ancient Golf Club, dessen Regeln für das Golfspiel in aller Welt maßgeblich sind. Beim Golf sollte Mann aber nicht nur die Regeln des Spiels beherrschen. Für die meisten Plätze gibt es ebenso bestimmte Kleiderregeln. Jeans, T-Shirt oder Boxer-Shorts haben auf dem Golfplatz nichts zu suchen. Mit einem Polo-Shirt, das heißt ein Shirt mit Kragen, langen oder auch kürzeren Golfhosen sowie Golfschuhen, die mit kleinen Spikes versehen sind, ist Mann bestens beraten. Handschuhe gegen Blasen an den Händen sowie eine Kappe runden das Outfit ab.

Übrigens: Der teuerste Schläger der Welt wurde 1991 in einer Auktion bei Christie's von einem amerikanischen Händler erworben: Preis rund 5 Millionen Euro. Der Schläger stammt aus dem 17. Jahrhundert und wurde in einer Hecke in der Nähe des North Berwick Golf Clubs gefunden.

Technik der Schuhherstellung aus dem 19 Jahrhundert.

WINTERSPORT

Kaum ist der letzte Sommerurlaub vorbei und die ersten Vorboten des Winters kündigen sich leise an, da wird der Wintersportler unruhig. Die Beinmuskulatur wird auf Vordermann gebracht, Outfit und Ausrüstung bekommen den neuesten Schliff. Träumen von endlosen Pisten, grandioser Bergwelt unter blauem Himmel, jeder Menge Schnee und jeder Menge Spaß – Faszination Skisport.

Vor mehreren tausend Jahren schon haben sich Bewohner der schneereichen Erdteile eine Art Skier unter ihre Füße geschnallt. Mit zwei Holzbrettern unter den Füßen und einem Stock, um das Gleichgewicht zu halten, konnten sie sich in der tief verschneiten Landschaft besser fortbewegen. Es sollen die Norweger gewesen sein, die diese Schneeschuhe erfanden. Und in Norwegen soll auch der Ursprung des sportlichen Skilaufs liegen. In Oslo fand der Geschichte nach 1850 der erste Alpine Skiwettkampf statt. Wenig später wurde der erste Skifahrer in St. Moritz gesehen. Die Eroberung der Alpen durch den weißen Sport nahm seinen Lauf. Am Fuße des Mont Blanc, im französischen Chamonix, fanden 1924 die ersten Olympischen Winterspiele statt. Gekämpft wurde um Medaillen in der nordischen Kombination, Langlauf und Skispringen, Eisschnelllauf, Eiskunstlauf, Bobfahren und Eishockey. Der Alpine Skilauf wurde bei den Olympischen Spielen in Garmisch-Partenkirchen 1936 erstmalig Teil des olympischen Programms. Der Sport im Schnee ist eine der beliebtesten und populärsten Sportarten überhaupt. Carven, Freeriding oder Snowboarden, Monoski oder Snowbladen, Skiwandern oder Heliskiing. In Kanada, den USA, in Europa oder Japan – nie war der Skisport so facettenreich wie heute.

In den Anfängen des Skisports trugen die Männer Knickerbocker mit Wickelgamaschen und Strickweste, die Frauen gaben sich mit langen Röcken dem Pistenvergnügen hin. In Punkto Kleidung sind die Ansprüche gewachsen. Wintersportler verlangen heute nach Kleidung, die den verschiedensten Wetterbedingungen und Aktivitäten gerecht wird. Ebenso funktionell wie topmodisch soll sie sein. Dabei optimalen Schutz und hohen Tragekomfort bieten. Atmungsaktive Stoffe sorgen dafür, dass überschüssige Feuchtigkeit und Wärme möglichst schnell nach außen geleitet werden. Die Kleidung muss wind- und wasserdicht sein und verschweißte Nähte haben. Und darunter sollte es auch stimmen. Dazu gehört eine gute Funktions-Sportwäsche. Mütze und Schal sind nicht nur Accessoires, die das Outfit abrunden, sondern sorgen dafür, dass der Kopf nicht auskühlt. Auf dem Weg von der einfachen Skibekleidung zur innovativen Outdoorkleidung sind der Deutsche Willy Bogner und der Norweger Helly Hansen bis heute richtungweisend. Der Kapitän Helly Juell Hansen entwickelte bereits 1877 wasser- und winddichte Arbeitskleidung für seine Mannschaft. Das Rezept: Leinsamenöl. Im 20. Jahrhundert hat die Traditionsfirma Helly Hansen zahlreiche Innovationen für Outdoor-Sportarten auf dem Wasser, zu Lande oder im Schnee auf den Markt gebracht.

Bild.

Schöffel

Skikleidung aus verschiedenen Zeiten. In den 1960ern trug Mann Keilhosen und Steppanorak mit Zweiwegereißverschluss, Gürtel, Reißverschlusstaschen, Ärmelstrickbündchen und unsichtbarer Kapuze. In den 1970ern kam die Überfallhose in Mode. Heute erfüllen die Skioutfits jeden nur denkbaren Anspruch an Ausstattung, Funktion und Design.

Schöffel

Schöffel

Schöffel

TRIMM DICH

Eine Idee aus Finnland löste Anfang der 1970er Jahre in Deutschland eine wahre Welle der Begeisterung aus. In dieser Zeit startete der Deutsche Sportbund die groß

angelegte Bewegungskampagne Trimm-Dich – durch Sport! Auslöser waren die allmählich sichtbar werdenden Wohlstandskrankheiten wie Herzinfarkt und Übergewicht. In jeder Stadt wurden Trimm-Dich-Pfade angelegt und auf unzähligen Plakaten forderte ein quadratköpfiges Männ-

Trimmy sorgte in den 1970er Jahren mit hochgehobenem Daumen für mehr Bewegung bei den Deutschen.

chen namens Trimmy mit hochgestrecktem Daumen mehr Bewegung von den lahmen Deutschen. Per Dauerlauf ging's durch den Wald, unterbrochen von Stationen an denen Liegestützen auf einem Holzbarren, Klimmzüge oder Balanceakte auf Holzstämmen gemacht wurden. Kleine blaue Schilder erklärten, was an den Stationen zu tun war. Die Aktion war ein voller Erfolg. Mitte der 1970er Jahre waren über 70% der Be-

Innovative Textillösungen mit höchsten Anforderungen an Funktionalität und Qualität zeichnet die Kleidung für den Sportler von heute aus. Hier Modelle von Asics.

Wer heute läuft bewegt sich im Trend. Laufen ist heute Massensport!

völkerung sportlich aktiv. Heute, 30 Jahre später, sind zwar die Trimm-Dich-Pfade in die Jahre gekommen, aber die Deutschen immer noch aktiv. Und nicht nur die Deutschen. Joggen ist weltweit eine der beliebtesten Sportarten. In Wäldern, über Wiesen oder in Stadtparks – Menschen jeden Alters und jedes Fitnesslevels laufen, was das Zeug hält. Und mit genug Training geht es dann zu einem der unzähligen Stadt-Marathons. Wer sich nicht ganz so viel zutraut, der versucht es mit Nordic Walking. Der aufgeklärte Mensch von heute weiß eben, wie gesund Bewegung ist. Regelmäßiges Laufen von 20 bis 30 Minuten an der frischen Luft fördert den inneren Ausgleich, hilft Stresshormone abzubauen, stärkt das Herz und das Immunsystem. Egal ob Sommer oder Winter, Regen oder Schnee, Sport im Freien ist immer gut – wenn das Outfit stimmt.

STRÜMPFE FÜR DEN SPORT

Jahrhundertelang war die Strumpfhose die hauptsächliche Bekleidung des männlichen Beines. Dies änderte sich mit dem Aufkommen der langen Hose. Die Strumpfindustrie stellte ihre Produktion um und fertigte nun für den Herrn schwerpunktmäßig Socken und Kniestrümpfe. Nach dem Zweiten Weltkrieg wurden wieder verstärkt Herrenstrumpfhosen hergestellt, und zwar als das ideale Darunter für Freizeit- und Sportbereiche wie Motorradfahren, Campen zu vorgerückter Jahreszeit oder den Wintersport. So entwickelten die Hersteller beispielsweise spezielle Skistrumpfhosen mit eingestrickten Frotteefüßen. Strumpfhosen für das Eishockeyspiel waren besonders elastisch gestrickt, damit darunter Schienbein-

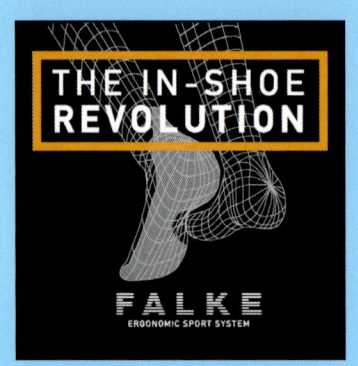

Sportlerfüße tragen Strümpfe, die sich den Anforderungen der jeweiligen Sportart anpassen.

und Knieschützer getragen werden konnten. Auch zum Skilanglauf gab es spezielle Strumpfhosen, die sich ebenso ideal auch für andere Sport- und Freizeitaktivitäten erwiesen, zu denen Kniebundhosen getragen wurden. Mittlerweile hat die Herrenstrumpfhose mit der modernen Unter- beziehungsweise Funktionswäsche erhebliche Konkurrenz bekommen. Speziell auf den Sport ausgerichtete Strümpfe haben jedoch immer Hochsaison. Mann trägt zum Sport Strümpfe aus innovativen Materialien, die individuell an den rechten oder linken Fuß sowie an die jeweilige Sportart angepasst werden.

Wolford Herren Strumpf Hose

Die Strumpfhose für den Mann als ideale Ergänzung im Business- und Freizeitbereich bei kühlen Temperaturen.

Gut durchdacht und mit viel technischem Know-How sind die modernen Laufschuhe. Dabei gibt es für jeden Läufer individuelle Lösungen in Puncto Stabilität, Dämpfung Leichtigkeit, Bewegungskontrolle und Trail. Modelle von Asics.

VOM LEDERSTIEFEL ZUM MODERNEN RENNSCHUH

Kann Mann sich das vorstellen: Am Fuß ein Paar knöchelhohe Stiefel, die mit lederbeschichteten Stollen und lederverstärkter Vorderkappe versehen sind und bereits im trockenen Zustand 500 Gramm wiegen. Mit solchen Schuhen wurde im ausgehenden 19. Jahrhundert Rugby, Fußball und Krocket gespielt. Der moderne Fußballschuh ist stromlinienförmig, hat Kunststoffsohlen und Schraubstollen und wiegt keine 250 Gramm. Heute eine Selbstverständlichkeit. Die ersten speziell für den Sport hergestellten Schuhe haben wir dem Amerikaner Wait Webster

Moderner Fußballschuh mit Schraubstollen

(siehe auch Kapitel N° 5) und der britischen New Liverpool Rubber Company zu verdanken. Beide entwickelten unabhängig voneinander Leinenschuhe mit Gummisohle, die als Krocket- und Tennisschuhe sowie am Strand getragen wurden. Der Vater des modernen Trainingsschuhs war Adolf „Adi" Dassler, der um 1920 mit der Herstellung von Sportschuhen begann. Schon bald wurde das Portfolio um Fußballstiefel mit Stollen und Laufschuhe mit Dornen erweitert. 1936 galten Adis Schuhe international als die besten und wurden von absoluten Spitzensportlern wie zum Beispiel dem vierfachen Olympiasieger Jesse Owens getragen. Der heutige Rennschuh mit seinem Oberteil aus Netzgewebe und superleichten Sohlen kann weniger als 100 Gramm wiegen. Durch die Verwendung von Kunststoffen bei der Herstellung von Sportschuhen werden modisches Design, optimaler Schutz und Komfort gleichermaßen gewährleistet. Durch den Übergang zum Kunststoff wurden auch andere Sportarten revolutioniert. Ein gutes Beispiel ist der Skischuh. Vor gut 30 Jahren dachte kein Skifahrer an Bindungen und Schuhe, wie sie heute selbstverständlich sind.

Skischuh der Gegenwart.

SPORTLICH
ATTRAKTIV

Camel Active

Camel Active

Schöffel

Bäumler

Conley's

D & G

Land's End

Bäumler

Camel Active

SPORTIVE FREIZEITMODE

In Ergänzung zum formell-korrekten Businessanzug und dem Casual- oder Citylook spielt das sportlich lässige Freizeitoutfit eine zunehmend große Rolle in der Mode. Für einen Ausflug an den Strand, einen Drink in der nächsten Jause oder einen Kurztrip aufs Land kleidet Mann sich betont sportiv mit aktivem Touch. Sportlichkeit bedeutet Flexibilität, bedeutet positive Lebenseinstellung, bedeutet Beweglichkeit. Sie verkörpert Werte, die in unserer heutigen Gesellschaft auf der Werteskala ganz weit oben stehen. Die Kleidung sitzt körperbetont bis weit, Details haben absolute Hochkonjunktur, Funktion ist das Schlüsselwort: Taschenvarianten, Bewegungsfalten, Steppungen, Tunnelzüge, Ziper, Strick, Materialmix, viel Muster, Deko-Prints und Stickerei. So präsentiert sich Mann ganz ungezwungen, wobei es trotz aller Lässigkeit gepflegt und hochwertig, eben mit Stil zugeht. Dabei sind die Schnitte und Formen

oftmals nicht neu – wie überall in der Mode wird auch hier Bewährtes wieder neu aufgelegt. Ein Beispiel ist der Blouson, der in abgewandelter Form sein modisches Comeback erlebt. Mann trägt ihn als Campus-Modell mit gesteppten Nähten und Zips oder kernig als Piloten-Blouson mit Kontrastblenden und Strickbündchen. Alternativ zum Blouson trägt Mann Fieldjackets, ein neuer Name für Jacken im Kolonialstil. Bei den wärmenden Jacken für die kälteren Jahreszeiten geben hochwertige klimaausgleichende Stoffe, Two-in-One-Effekte, herausnehmbare Steppwesten, Innenfutter aus Pelz, Wolle oder Fleece, Strickkragen und Kapuzen den Ton an. Mann mag es eben sportlich, Mann mag es lässig und Mann mag es funktionell.

Schöffel   Bäumler   Conley's   Lee

Camel Active   Land's End

DER ANORAK

Ein altbewährtes Kleidungsstück der Kategorie Funktionsjacken ist der Anorak. Seine Wurzeln liegen bei den in Grönland lebenden Inuits (inuit.: ah-no-rak). Ursprünglich war der Anorak eine Schlupfbluse aus Fell mit Kreuzbandverschluss am Hals. Die Skandinavier übernahmen das Kleidungsstück. Seinen großen Durchbruch in der Mode hatte der Anorak in den 1930er Jahren, ausgelöst durch die olympischen Winterspiele 1936 in Garmisch-Patenkirchen, bei der die Sportler diese praktische Jacke

Camel Active

Anorak mit abknöpfbarer Kapuze, teilbarem Reißverschluss, knöpfbaren Taschenpatten und breitem, abgestepptem Gummizug in der Taille von 1953.

trugen. Zu dieser Zeit war der Anorak bereits mit durchgehendem Reissverschluss, Kapuze mit Zugband und großen, seitlich eingeschnittenen Taschen versehen. Aus der sportlichen Zweckkleidung der Wintersportler wurde ein Modeartikel, der bis heute an Beliebtheit nichts eingebüßt hat. Immer wieder war und ist er Thema der Designer und hat den jeweiligen Moden und zeitbedingten Möglichkeiten

Camel Active

Clothcraft

entsprechend vielfältige Änderungen und Verbesserungen in Punkto Schnitt, Ausstattung und Materialien erlebt. In den 1950er und 1960er Jahren sah man ihn mit Plüsch gefüttert und mit pelzbesetzter Kapuze. Ab den späten 1970er Jahren gab es ihn daunengefüttert und in abgesteppter Optik. Hightech-Materialien, moderne Verarbeitungstechniken sowie Stilmittel vergangener Zeiten bestimmen gegenwärtig sein Gesamtbild.

DER BLOUSON

Zu den typischen Ausstattungsmerkmalen des herkömmlichen Blousons gehören Strickbündchen und Reißverschluss. Der Legende nach soll er aus einer Art blusigem Baumwollhemd entstanden sein, das sich die Kreuzritter zum Schutz gegen die brennende Sonne über ihre metallenen Rüstungen stülpten. Jedenfalls war der Blouson in den 1930er Jahren in Europa als reine Sportjacke bekannt. Während des Krieges gehörte er zur Uniform der Soldaten. Daraus entwickelten sich nach dem Krieg zivile Formen. Ein naher Verwandter des klassischen Blousons ist der Lumberjack, die Arbeitsjacke nordamerikanischer Holzfäller.

Der Lumberjack. Mit Liegekragen, Strickbündchen, Brusttaschen und Reißverschluss; 1953

Baumler

Land's End

Anorak in Blousonform mit Raglanärmeln, Gummizug-Bündchen und Reißverschlussinnentasche; Bomberjacke mit Metallschlaufen am Kragen, Eingriffs- und Ziertaschen sowie Schulterklappen. Modelle von Witt und Weiden aus den frühen 1970ern.

Windsor

HEMDEN UND PULLOVER – DIE PASSENDEN PARTNER ZU SPORTIVEN HOSEN

Pullover, Ziper, T-Shirts sowie Hemden im legeren Stil haben in der Freizeitmode immer Saison. Dazu gesellen sich Stile, die mit der Übernahme von Elementen aus der Active Sportbekleidung besondere Akzente setzten. Zu Cargo- und Workerhosen trägt Mann Sportswear-Hemden, die sich am Abenteurer- und Kolonialstil orientieren sowie Strick- und Sweat-Jacken im Campus- oder Trainerstil. Hemden und Shirts präsentieren sich mit Beach- und Holiday-Prints, ansonsten zeigen sie viel Farbe, Streifen und Karos. Strick zeigt sich grobmaschig locker, im Winter nostalgisch. Winterliche Hemden sind flanellig warm, uni oder kariert.

Das Campinghemd. Eine Errungenschaft der Freizeitmode des 20. Jahrhunderts.

Großflächig gemusterter Sportpulli aus den 1960ern Jahren.

Das Holzfällerhemd

Flanellig warme Hemden rufen die Erinnerung an einen Klassiker wach, der seit den 1950er Jahren in der Freizeitmode einen

festen Platz einnimmt: das Holzfällerhemd. Kurt Cobain (1967-1994), Begründer, Songwriter und Sänger der mit zahlreichen Platinplatten ausgezeichneten Band Nirvana trug es ebenso wie amerikanische Countrysänger von Dolly Parton bis Johnny Cash. Locker, lässig und unkompliziert fand das wollene Karo seinen Weg aus den kanadischen Wäldern in die Alltagsgarderobe. Nach dem Zweiten Weltkrieg wurde das wärmende Hemd von amerikanischen College-Studenten von der Arbeiterkleidung der Holzfäller, Jäger und Waldläufer übernommen. In Kombination mit T-Shirt, Jeans oder Khakis, ergänzt durch eine Lederjacke wurde es zum Freizeitoutfit des American Style.

Das Hawaiihemd

Nach dem Zweiten Weltkrieg kam aus ganz anderer Richtung ein Hemd, dessen Popularität bis heute unerreicht blieb: das Hawaiihemd. Vielfach belächelt hat es Zeit seines Bestehens eine mitunter oft kleine, aber stete Fangemeinde, die das bunte Etwas in der warmen Jahreszeit unerschrocken zur Schau trägt. In den 1940er Jahren wurde das als Hawaiihemd oder Alohashirt bekannte Kleidungsstück in den USA zum Inbegriff des Freizeithemdes. Amerikanische Touristen oder Angehörige des Militärs brachten das mit farbenfrohen Motiven aus Flora und Fauna bedruckte Shirt mit in die Heimat. Als Vater des Hawaiihemdes gilt Ellery Chun aus Honolulu, der während der Weltwirtschaftskrise auf der Suche nach neuen Möglichkeiten des Broterwerbs auf die Idee kam, westliche Oberhemdformen mit polynesischen Farben und Symbolen zu kombinieren. Das erste Hemd dieser Art verkaufte er 1933 für 1,95 Dollar. Auf dem europäischen Kontinent wurde es spätestens mit dem 1953 auf Hawaii gedrehten Film und Welterfolg „Verdammt in alle Ewigkeit" (Original: From Here to Eternity von James Jones) populär. Gleichermaßen Amerikaner wie Europäer schmückten in diesen Jahren ihre Oberkörper mit exotischen Musterungen und schwelgten bei sehnsüchtigen Südseeschlagern und karibischen Filmen – selbst Elvis drehte mehrere Filme auf Haiwaii – in paradiesischen Träumen. Rückenwind bekam das Hawaiihemd in den 1960er Jahren durch die Beach Boys und in den 1980ern durch die Fernsehserie Magnum mit Tom Selleck. Hawaiihemden inspirieren immer wieder die Designer. Mit Holiday- und Beach-Prints kann Mann gegenwärtig seinen Oberkörper wieder mit viel Farbe umhüllen. Wahrscheinlich aber wird er nie wieder so in Mustern, Farben und exotischen Dessins schwelgen wie damals.

Spätestens mit Magnum erlangte das Hawaiihemd gesellschaftlichen Stellenwert.

Charlotte · Fayetteville · Kap Hatteras

outh Carolina

Columbia

Wilmington

Charleston

Savannah

Jacksonville

St. Augustine

Daytona Beach

Orlando · Kap Canaveral · Cocoa

Florida

West Palm Beach

t Lauderdale · Freeport

Everglades · Miami · Miami Beach

o Sable · Florida Keys · Floridastraße

Matanzas · Cárdenas · Caibarién

Santa Clara · Sancti-Spíritus

Cienfuegos

Kuba · Camagüey · Holguín

Manzanillo · Bayamo · Guantánamo

Turquino 1972 · Santiago de Cuba

Kap Cruz · 7240

Cayman-Inseln (G.B.)

7680

Montego Bay · Port Antonio

Spanish Town

Jamaika · Kingston

Karibisches Meer

a Dios

Providencia (Kol.)

San Andrés (Kol.)

4230

Malpelo (Kol.)

Sargasso-see

6399

Bermuda-Inseln (G.B.)

Atlantischer Ozean

Nördlicher Wendekreis

Bahamas

Grand Bahama · Great Abaco

Nassau · Eleuthera · Cat

Andros

Große Bahamabank

Exuma · Long · San Salvador (Watlings-I., Guanahani) 12.10.1492 von Columbus entdeckt.

Samana Cay

Mayaguana

Acklins · Caicos-Inseln (G.B.)

Inagua-Inseln · Turks-Inseln (G.B.)

Hispaniola

Cap-Haïtien · Puerto Plata · 3219

Gonaïves · Santiago · Dominikanische Republik

Haiti 3175 · Pico Duarte · San Pedro · Higüey · Arecibo · San Juan · Jungfern-Inseln · Anegada (G.B.)

Port-au-Prince · Gonâve · Ponce · 1340 · St. Thomas (USA) · Anguilla (G.B.)

Les Cayes · Barahona · Santo Domingo · Mona · Puerto Rico (USA) · Saba (N.) · St. Martin (Fr./N.)

Mayagüez · St. John (USA) · St. Croix (USA) · St. Eustatius (N.) · Barbuda (G.B.)

Inseln über dem Winde

St. Kitts u. Nevis · Montserrat (G.B.) · Antigua u. Barbuda · St. John's

Guadeloupe (Fr.) · Basse-Terre · Marie-Galante (Fr.)

Dominica · Roseau

Kleine · Mont Pelée 1397 · Martinique (Fr.) · Fort-de-France

Antillen · 5630 · Castries · Saint Lucia

Bridgetown · Barbados

Kingstown · St. Vincent und die

Grenada · St. George's · Tobago

Niederländische Antillen · Aruba (N.) · Curaçao · Bonaire · Willemstad

Kap Gallinas · Halbinsel Guajira · Punta Fijo · Inseln unter dem Winde · Margarita · Carúpano · Port of Spain

Riohacha · Coro · Puerto Cabello · La Guaira · Cumaná · Güiria · Trinidad u. Tobago

Santa Marta · Pico Cristóbal Colón 5800 · Maracaibo · Cabimas · Maracay · Barcelona · 2596 Turimiquire · Schlangenkanal

Barranquilla · Valledupar · Ciudad Ojeda · Barquisimeto · Valencia · Caracas · Maturín · Orinoco-delta

Cartagena · Maracaibo-see · Kord. von Mérida · Petare

Colón · Isthmus von Panamá · Magangué · Guanare · Calabozo · El Tigre · Ciudad Bolívar · Ciudad Guayana

Panama · Golf von Darién · Ocaña · Mérida 5002 · Pico Bolívar · Barinas · San Fernando · 802 · Ciudad Piar

Santiago · Monteria · Cúcuta · San Cristóbal · Apure · Caicara · Cerro Bolívar · El Dorado · Bartica

Halbinsel Azuero · Golf von Panama · Bucaramanga · Arauca · Meta · Puerto Carreño · 2953 · Angelfälle (980 m) · Roc

Rey · Bello · Barrancabermeja · Auyán-Tepui · La Gran Sabana · Roraima 2810

Quibdó · Duitama · Puerto Ayacucho · Sierra Pacaraima · Guyana

Medellín · Tunja · Lethem

Manizales · Pereira 5260 · 2610 · Puerto Inírida · Boa Vista

Armenia · Ibagué · Bogotá · Marahuaca 2579 · Sierra Parima

Buenaventura · Palmira · Villavicencio · Caracarai · Branco

Cali · 5750 · Kolumbien · Guaviare · San Felipe · Pico da Neblina 3014

Neiva · Popayán · Florencia · Mitú · Casiquiare · Orinoco

Tumaco · Pasto · Caquetá · Apaporis · Içana · Tapurucuara · Rio Negro · Barcelos · Moura

San Lorenzo · Esmeraldas · Ibarra · Cayambe · Putumayo · San Felipe · Caracarai

Quito 2850 · Cotopaxi 5897 · Nap

Manta

Das Bermudadreieck, das sich durch ungeklärte Flugzeug- und Schiffsunglücke einen Namen machte, erstreckt sich im Atlantischen Ozean zwischen Florida, Hispaniola und den Bermudainseln.

HOSEN FÜR DIE FREIZEIT

Über die Hose, ihre Geschichte, Schnittformen und Materialien ist in den vorangegangenen Kapiteln erzählt worden. Neben der Jeans, die ein Paradestück an Vielseitigkeit verkör-

Hose tatsächlich nach der Inselgruppe im Atlantischen Ozean. Darüber, wie diese Hosen zu ihrem Namen gekommen sein sollen, gibt es eine kleine pläsierliche Ge-

Camel Active   Lee   Conley's

pert und mit Ausnahme des formell-korrekten Businessdress immer getragen werden kann, trägt Mann zum betont sportlichen Freizeitoutfit Hosen im Worker-, Cargo- und veredelten Joggingstil. Funktion wird über Taschenvarianten, Tunnelzüge, verstellbare Säume transportiert.

Aber nicht nur die langen Hosen spielen eine Rolle. In der Freizeit kann Mann auch endlich kurz tragen. Kurz, das heißt Hosen deren Beinlänge zwischen Oberschenkel und Knie endet und die unter dem Namen Shorts oder Bermudas bekannt sind. Typisches Merkmal der Bermudas sind gerade Hosenbeine in knieumspielender Länge. Benannt ist die

schichte. Angeblich soll ein Abgesandter der englischen Königin auf seiner Inspektionsreise – die Bermudas sind seit 1684 britische Kronkolonie mit Selbstverwaltung – in dem subtropischen Klima so sehr ins Schwitzen gekommen sein, dass er seine Hosen aus schwerem englischem Tuch kurzerhand abschnitt. Sicher ist, dass die Bermuda gegen Ende der 1950er Jahre bunt gemustert und in auffälligen Farben von Amerikanern als Strandhose getragen wurde. Später wurde sie in abgewandelter Form auch in die allgemeine Freizeitkleidung übernommen Zum Thema knieumspielende Hosen sollte eine sehr berühmte unter ihnen, die

Bermudahosen und Shorts – beliebtes Outfit für die heiße Jahreszeit. Diese Hosen gehören nicht in den Geschäftsalltag, sondern sind ausschließlich der Freizeit vorbehalten.

Kniebundhose, noch erwähnt werden. Die Kniebundhose hat im Unterschied zu der Bermuda einen festen Bündchenabschluss am

Die Knickerbocker, eine Hose mit Geschichte.

Knie. Unter der Bezeichnung Knickerbocker ging diese Hose in die Geschichte ein und ist ein weiteres Beispiel dafür, auf welch kuriose Weise manche Kleidungsstücke zu ihrem Namen gekommen sind. Protagonist dieser Anekdote ist der New Yorker Schriftsteller Washington Irving (1783-1859), der in seinem 1809 erschienenen Roman „A History of New York" humorvoll die geruhsame Gangart der holländischen Einwanderer in ihren charakteristischen Pumphosen inmitten des betriebsamen Yankeetums beschrieb. Die Geschichte, die als ein bedeutendes Werk in die amerikanische Literatur einging, verfasste Irving unter dem Pseudonym Dietrich Knickerbocker. Als gegen Ende des 19. Jahrhunderts Kniehosen zum Radfahren und Wandern in Mode kamen, ging der Name Knickerbocker auf alle Kniehosen über.

Die Shorts ist im Allgemeinen kürzer als die Bermuda oder die Kniehose. Sie reicht in ihrer Länge bis zu den Oberschenkeln. In den 1960er Jahren wurde sie vermehrt als Freizeithose getragen. Kurze Hosen, egal ob Bermuda, Kniebundhosen oder Shorts, trägt Mann weder im Geschäftsleben noch zum urbanen Citylook. Diese Hosen sind ausschließlich dem lockeren Freizeitoutfit vorbehalten.

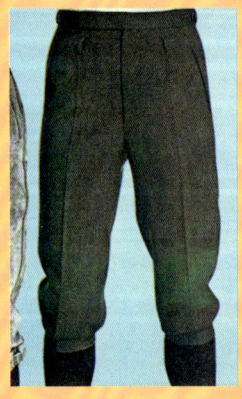

Kniebundhose aus den 1960ern mit Tunnelzug, Paspel- und Gesäßtaschen sowie Kniebündchen, die durch Schnallen regulierbar sind.

Windsor

Camel Active

Pringle of Scotland

Windsor

MÜTZEN UND KAPPEN

Mützen und Kappen haben längst einen festen Platz in der sportlich betonten Mode. Popstars, Filmikonen und Einflüsse aus dem

Die klassische Schlägermütze für den gepflegten Herrn.

Sport sorgen für eine starke Markt-präsenz der schmük-kenden Kopfbe-deckungen. Docker- und Skatermützen, Ballonmützen oder die Baseballkappe gehören über alle Kontinente hin-weg zum perfek-ten Freizeitoutfit. Dabei ist es nicht nur die Jugend, die sich den Kopf bedeckt, selbst die Over 40, die so genannten Best Agers, lassen sich gerne auf das sportive Accessoire ein.

Als Dockermützen werden Strickmützen mit Aufschlag benannt. Ursprünglich waren es die Fischer, Segler und Dockarbeiter, die sie zum Schutz vor Kälte und Wind trugen.

Strickmütze im Skaterstil.

Konkurrent der Docker-mütze ist die so genannte Skatermütze. Sie ist zumeist glatt gestrickt und hat kei-nen Aufschlag. Die Ballonmütze hat eben-falls ihren Ursprung in der Arbeiterklasse. Das ballonartige Kopfteil besteht aus mehreren Streifen, die nach oben zusammen laufen und dort mit einem Knopf verziert sind. Der Schirm ist freistehend und wird je nach Geschmack in verschiedene Richtungen getragen. So wie auch der Schirm der Baseballkappe, die in den 1980er Jahren zur absoluten Nummer Eins unter den Kopfbedeckungen der Jugend wurde. Vor mehr als 150 Jahren wurde sie in Amerika durch die Spieler des New Yorker Knickerbocker-Baseballclubs als Sportkappe eingeführt. Damals sah sie noch nicht so aus wie heute. Der steife Schirm und die rük-kwärtige verstellbare Gumminoppen-halterung kamen erst viel später an die Mütze. Der Baseballkappe ging es in gewisser Weise ähnlich wie der Jeans oder dem T-Shirt. Menschen jeden Alters und jeder sozialen Schicht fühlen sich ihr verbunden, tragen sie, je nach Geschmack und Stil, zu diversen Outfits und Gelegenheiten und verbreiten mit der Kappe ihre Botschaften – im wahr-sten Sinne des Wortes. Das Kopfteil der Baseballmütze zieren Logos angesagter Sportswearhersteller, Designerlabels und Slogans unterschiedlichster Machart. Zum Thema Kopfbedeckung muss in jedem Fall das Bandanna (Sanskrit: Bandha = zuziehen) Erwähnung finden, auch wenn das viereckige Tuch, das ursprünglich weniger als Kopfbedeckung, sondern vielmehr als Halstuch, Mund- oder Schweißtuch genutzt wurde, keine Mütze oder Kappe, sondern eben nur ein Tuch ist. Das um den Hals oder vor den Mund gebundene Bandanna erinnert an die amerikanische Pionierszeit und unsterbliche Westernhelden wie John Wayne. Bekannt wurde es in Amerika zur Zeit des George Washington in der zweiten Hälfte des 18. Jahrhunderts. Vor den Amerikanern kannten es bereits die Briten und die

Das Bandanna im Schlauchformat bietet viele verschiedene Tragemöglichkeiten.

Holländer, die das Tuch aus Indien importiert hatten. Anfang der 1980er Jahre wurde das Bandanna zum beliebten Kopftuch von Anhängern diverser Streetsportarten. Von da fand es seinen Weg in die Mode als zierender Kopfschmuck, bedruckt mit Motiven oder ethnischen Mustern wie dem Paisley. Das Bandanna gibt es inzwischen auch in abge-wandelter Form: Als Stoffschlauch gefertigt ergeben sich diverse Möglichkeiten, auf einfache Art und Weise das Tuch um den Hals oder auf dem Kopf zum Schutz und Schmuck zu tragen.

SPORTLICHE SOHLEN

Kernige Stiefel oder Halbstiefel, Sneaker oder Boots, Sandalen oder Flipflops. Mann hat vielfältige Möglichkeiten, sein lässiges sportives Outfit mit dem richtigen Schuh zu ergänzen – ganz nach Geschmack und individuellem Anspruch.

Ein Schuh, der quer durch alle Altersklassen voll im Trend liegt, ist der Sneaker. Zum ersten Mal tauchte die Bezeichnung Sneaker (engl. = schleichen, leise treten) 1875 auf und meinte einen in Amerika entworfenen Krocket-Schuh, der aus weißem Segeltuch und einer Gummisohle bestand. Die Gummisohle war eine Errungenschaft des gerade neu erfundenen Vulkanisierungs-

Burlington

Die beliebten Sneakers kombiniert mit Socken im weltbekannten Muster von Burlington.

verfahrens. Die Verbindung von Obermaterial wie Leinen mit der Gummisohle ist eine Erfindung des New Yorkers Wait Webster, der sich seine Technik patentieren ließ. Der Sneaker durchlief viele Änderungen bis er in den 1960er Jahren zur Mode von Teenagern wurde. Heute gibt es Sneaker nicht nur für alle Alters- und Stilklassen, sondern auch für jeden Geldbeutel vom Modell von der Stange für den kleinen Mann bis zum handgemachten Edelsneaker.

Sportschuhe sind aus der heutigen Mode nicht mehr weg zu denken. Längst hat der Turnschuh sein rein sportliches Umfeld verlassen. Er ist nicht mehr nur ein verschwitzter Sportartikel mit unangenehmem Schweißgeruch, sondern vielmehr salonfähiger Freizeitschuh.

Ein Turnschuh mit absolutem Kultstatus ist der All Stars von Converse. Dabei ist All Star

Marlboro Classics

Camper

Görtz

Marlboro Classics

Red Wing

U ROADS

D & G

U ROADS

Camper

Camper

Camel Active

U ROADS

Lottusse

Görtz

Görtz

U ROADS

Görtz

Red Wing

U ROADS

Red Wing

nicht nur das Label sondern auch Teil der Firmenphilosophie. Die amerikanische Firma Converse verpflichtete die jeweils bekanntesten Sportler für ihre Werbekampagnen, wie Dennis Rodman 1997, Magic Johnson 1984, Julius Erving 1970, Jack Purcell sowie Chuck Taylor, der den All Stars 1920 als Basketballschuh bekannt machte. In den 1950er Jahren wurde der knöchelhohe Schnürschuh in die Alltagsmode übernommen. Bis heute hat sich an seiner großen Beliebtheit nichts geändert.

Turnschuh mit Kultstatus von Converse.

Wer die sportlichen leichten Schuhe nicht mag, trägt einfache Schnürschuhe, Boots oder Stiefel. Der Landarzt aus Bayern Dr. Klaus Maerten hat wohl nicht geahnt, welche Auswirkungen der von ihm im Jahre 1945 entwickelte Stiefel mit der luftgepolsterten Sohle haben sollte. Ebenso wenig wie der britische Schuhhersteller Bill Griggs, der den

In Bayern erfunden, weltweit getragen: Der Doc Marten.

Stiefel mit der Air-Wear-Technik – so wurde die Sohle genannt – in England fertigte. In den 1970er Jahren machten sich die englischen Punks den Doc Marten zu Eigen und ebneten ihm seinen Weg in die Pop- und Rockszene. Verwandelt in einen universellen Modeartikel wurde der Schnürstiefel von Anhängern unterschiedlichster gesellschaftlicher, politischer und sexueller Gesinnung getragen. Inzwischen ist es wieder ruhiger geworden um den Doc Marten. Sein Ansehen als bequemer Laufschuh blieb jedoch ungebrochen.

Optimal für die heißen Tage des Jahres sind Sandalen oder Pantoletten – aber bitte ohne

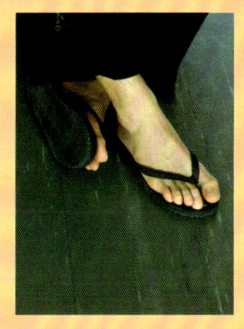

Fand den Weg vom Schrank auf die Straße: Der Flipflop.

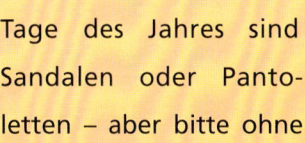

Socken! Ein besonderes Comeback genießen gegenwärtig die Flipflops oder auch Zehensandalen. Lange Jahre fristeten sie ihr Dasein als Strand-, Urlaubs- und Gartenschuh. Nun sind sie nicht nur an den großen Stränden dieser Welt, sondern auch in allen Städten zu sehen.

clothcraft

Pelo

ERES

Lee

Wieden

Pelo

Lee

clothcraft

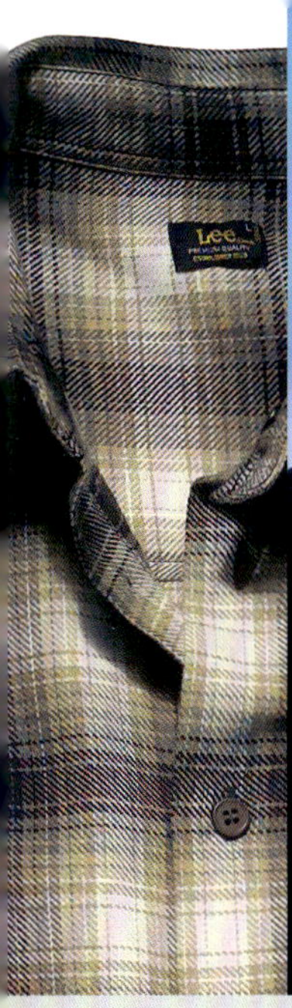

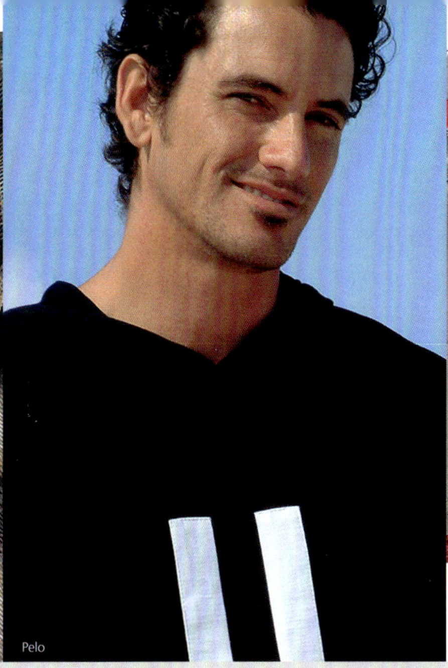
Pelo

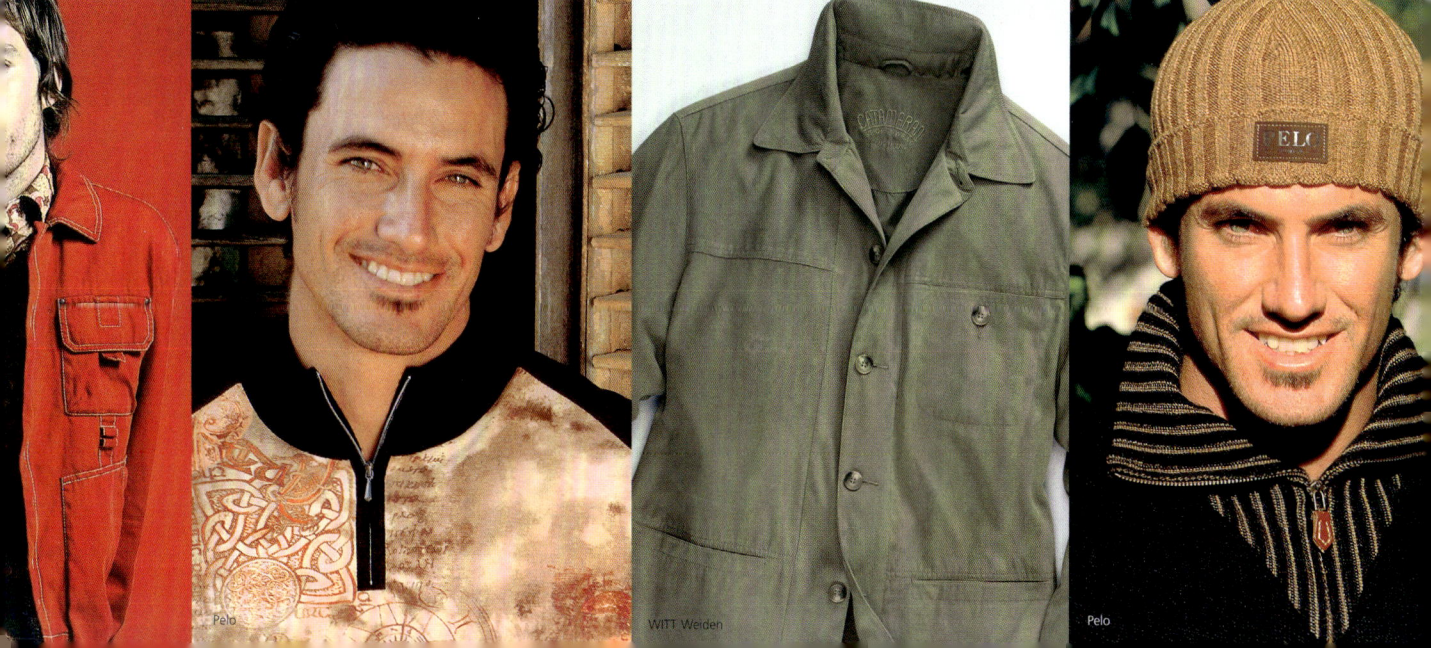

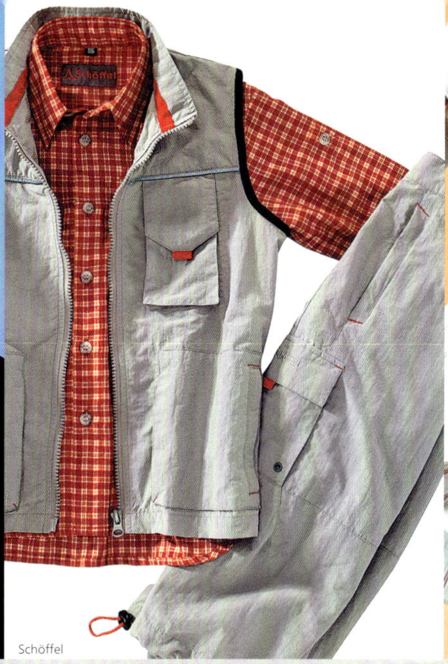
Schöffel

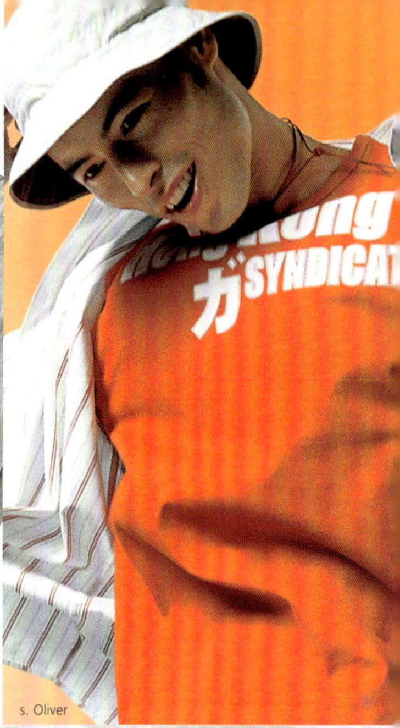

s. Oliver

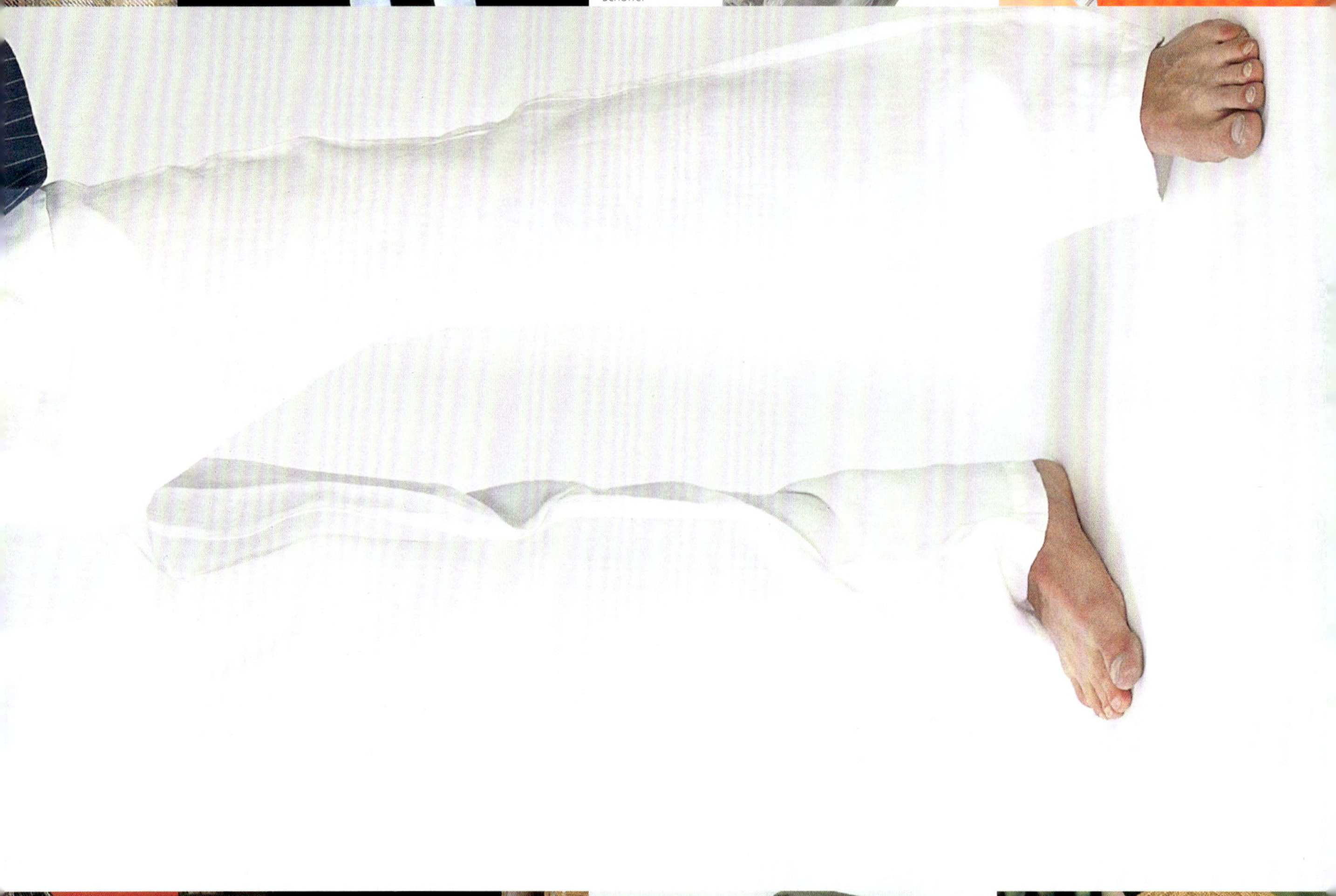

Pelo

WITT Weiden

Pelo

6

BEEINDRUCKEND

ELEGANT

AUSSERGEWÖHNLICHE KLEIDUNG FÜR AUSSERGEWÖHNLICHE ANLÄSSE

Ein besonderer Anlass verlangt nach einem ganz besonderen Styling. Zugegeben, außerhalb von Politiker- und Botschafterkreisen sind die Gelegenheiten, bei denen eine außergewöhnliche Kleidung gefragt ist, eher selten. Vielleicht aber ist eine Einladung zu einem besonderen Event, einer festlichen Abendveranstaltung oder einem glamourösen Empfang gar nicht so fern. Oder Mann plant in den Hafen der Ehe einzufahren – Grund genug, sich über ein passendes Outfit Gedanken zu machen.

Ganz elegant vor den Traualtar. Hochzeit in Frack Ende der 1940er.

Erwartet der Gastgeber eine bestimmte Kleidung, so steht dies immer auf der Einladungskarte. Mit White Tie oder Cravate Blanche ist der große Gesellschaftsanzug, der Frack, gemeint. Bei Black Tie oder Cravate Noire ist der Gesellschaftsanzug, der Smoking, erwünscht. In USA wird dieser Anzug Tuxedo, in England Dinner Jacket genannt. Nicht zu verwechseln mit dem Dinnerjacket im deutschen Sprachgebrauch, das in England White Dinner Jacket heißt.

Der Frack

Der Frack ist das Eleganteste, was Mann überhaupt tragen kann. Er ist der König unter den Anzügen für den Abend. Zum reinen Abendanzug wurde der Frack, als er Mitte des 19. Jahrhunderts durch andere Anzugsformen wie zum Beispiel dem Cutaway als Tagesanzug verdrängt wurde. Seitdem bezogen sich Änderungen des Schnitts im Wesentlichen nur noch auf modi-

sche Details. In der Zeit des Biedermeier, als der Frack noch Tagesanzug war, trug Mann ihn auch in tabakbraun, flaschengrün, veilchenblau, oft mit andersfarbigem oder gemustertem Futter. Heute wird der Frack nur schwarz getragen. Charakteristische Merkmale des Fracks sind ein kurzes, taillenlanges Oberteil mit seidenbedeckten Revers, rückwärtige Schoßteile – die so genannten Schwalbenschwänze –, die durch eine waagerechte Naht in der Taille mit dem Oberteil verbunden werden sowie doppelte Besatzstreifen (= Galon) an den Seitennähten der Hose. Die Jacke ist immer einreihig und kann nicht geschlossen werden. Zum Frack gehören eine weiße Weste aus Pikee, ein weißes Frackhemd mit Klappkragen und einfachen Manschetten, schwarze Seidenstrümpfe und Lackschuhe sowie die weiße Frackschleife. Letztere sollte immer handgebunden sein und auf keinen Fall eine andere Farbe haben. Schwarze Schleifen gehören zur Berufskleidung des Kellners! Zur Krönung können mutige Männer noch den Zylinder zur Hand nehmen.

Der Smoking

Als Alternative zum Frack eignet sich der Smoking. Auch dieser Anzug ist dem Abend vorbehalten. Der Geschichte nach soll der Smoking von dem Herzog von Sutherland erfunden worden sein. Der Name rührt angeblich daher, dass die britischen Herren beim Aufenthalt im Rauchsalon ein Jackett anzulegen wünschten, welches ähnlich formelle und festliche Ausstrahlung hatte wie der Frack. Warum sich der Name Smoking in seinem Ursprungsland Großbritannien nicht durchsetzen konnte, wo der Anzug bis heute Dinner Jacket genannt wird, ist unklar. In den USA wiederum heißt der Smoking Tuxedo. Das ist darin begründet, dass in dem so genannten Tuxedo-Park, einem Erholungsort nahe New York, der 1886 eröffnet wurde, in einem exklusiven Rahmen der Smoking erstmalig auftauchte. Der Smoking wird in blau oder schwarz getragen, der Schalkragen oder die Revers sind mit Seide besetzt, die gerade fallenden Hosen mit Galons. Dazu gehören, je nach Geschmack, Kummerbund oder Weste, wobei Mann in der Farb-, Stoff-, und Musterauswahl völlig frei ist – ohne die modisch akzeptablen Grenzen zu überschreiten. Obligat ist das weiße Smokinghemd mit verdeckter Knopfleiste, wobei Versionen mit Stickereien oder Rüschen durchaus einen gewissen Charme versprühen. Die Schleife ist schwarz oder farblich abgestimmt mit der Weste oder dem Kummerbund. Schwarze feine Glattlederschuhe und feine Seidenstrümpfe machen das Outfit perfekt.

Windsor

Windsor

Der Cutaway

Der Cutaway, auch Morning Coat oder Morning Dress genannt und Pflicht beim alljährlichen Royal Ascot, ist der Frack für den Tag. Mann trägt ihn in schwarz oder grau bei offiziellen Anlässen und

Konferenzen oder auch bei Hochzeiten. Er ist aus dem klassischen Gehrock entstanden. Ein findiger englischer Schneider soll gegen Ende des 19. Jahrhunderts die geraden vorderen Kanten des Gehrocks abgeschnitten haben, um einerseits der Jacke mehr Fasson und der Hose mehr Geltung zu verleihen. Diese kleine Geschichte erklärt auch

Zum Cutaway gehört zumeist ein grauer Zylinder. Bei dem alljährlich im Juni stattfindenden Royal Ascot zeigt Mann sich in diesem Outfit.

gleich den Namen. Den Cutaway trägt Mann nie mit gleicher, sondern immer mit andersfarbiger, zumeist der gestreiften Stresemannhose. Dazu gehören ein weißes Kragenhemd, eine perlgraue Weste, eine silbergraue Krawatte oder ein Plastron (eine Form der Krawatte, die die Brust mehr bedeckt) sowie klassische schwarze Schuhe wie zum Beispiel den Oxford-Schuh. Den Cutaway trägt Mann nie mit Fliege und nie am Abend. Wie beim Frack macht der Zylinder das Outfit perfekt.

Das Dinnerjacket

Auf Hochzeiten, eleganten Sommerfesten, in einer lauen Nacht auf hoher See oder einer Cocktailparty macht Mann im Dinnerjacket immer eine perfekte Figur. Abgesehen davon, dass die Farbe des

Das Dinnerjacket ist ein Klassiker für viele gesellschaftliche Anlässe.

Jacketts eine andere ist als beim Smoking, sind alle übrigen Kleidungsstücke und Accessoires gleich.

Von Fliegen und Libellen – Die Schleife

Mann liebt sie oder lehnt sie völlig ab. Wenn Mann sie aber trägt – was heutzutage eher selten ist –, kann er sicher sein, dass es bemerkt wird. Die meisten Männer bevorzugen eine Krawatte und nur selten sieht man den Querbinder zum ganz normalen Tagesoutfit. Die Schleife ist eng verwandt mit der Krawatte. Beide haben in der Halsbinde beziehungsweise dem Halstuch die gleichen Vorfahren. Als im 19. Jahrhundert die Krawatte aufkam, wurde auch die Schleife zu einem selbstständigen Begriff. Im Laufe der Zeit entwickelte sich eine Vielzahl von Schleifenformen und

Manschettenknöpfe gehören zum eleganten Outfit selbstverständlich dazu. Zu ihnen passend gibt es auch Hemdknöpfe.

Jeder Mann sollte das Tragen einer Schleife zumindest einmal ausprobieren. Dabei wird es den einen oder anderen geben, der bemerkt, wie kleidsam der Querbinder sein kann und wie gut sie Mann zu Gesicht steht – es kommt eben nur auf die richtige Kombination an.

Der Kummerbund

Manche Kleidungsstücke oder Accessoires verleiten vom ersten Augenblick an, darüber nachzusinnen, wo sie ihre Wurzeln haben. Der Kummerbund gehört auf jeden Fall dazu. In Deutschland wird wohl schon so mancher Gedanke daran verschwendet worden sein, was der Kummerbund denn mit dem Kummer und dem Bund zu tun hat. Dabei ist der Begriff ein Mitbringsel aus dem hindustanischen Sprachgebrauch. Dort ist das Camarband eine farbenprächtige Taillenbinde und war früher neben dem Turban ein wichtiges Kleidungsstück. Die Engländer kennen den gefältelten Gürtel seit Ende des 19. Jahrhunderts. Auf dem europäischen Kontinent setzte sie sich erst in den 1930er Jahren durch.

Knoten. So gibt es zum Beispiel die Lipton-Schleife, benannt nach dem englischen Teekönig Sir Lipton, die Butterfly-Schleife, benannt nach Puccinis Oper Madame Butterfly sowie die Fliege beziehungsweise Libelle. Letztere kam in den 1950er Jahren in Mode. Mit langen schmalen Flügeln und einem kleinen Knoten machte sie die Schleife zum Tagesanzug wieder populär. Es wird vermutet, der Grund für die geringe Präsenz des Querbinders läge in der mangelhaften Handfertigkeit des männlichen Geschlechts. Tatsächlich wissen wohl nur die wenigsten, wie eine Schleife korrekt zu binden ist. Dabei ist es nicht schwerer als das Binden einer Krawatte. Selbstverständlich gibt es auch fertig gebundene Schleifen. Wer jedoch Stil beweisen will, sollte das Schleifebinden lernen. Denn erstens sieht eine fertig gebundene Schleife nur halb so gut aus, wenn überhaupt. Zweitens ist die Schleife bei Frack sowie Smoking obligat.

Der Kummerbund bedeckt den Übergang vom Hosenbund zum Hemd. Mann trägt ihn mit den Falten nach oben.

Auch Hosenträger kann Mann durchaus zum eleganten Outfit tragen.

Der Zylinder

Während des 19. Jahrhunderts bedeckte der feine Herr sein Haupt stets mit dem Zylinder. In modisch variierten Formen und Farben wurde er am Tage oder am Abend getragen. Zum Sakkoanzug oder Cutaway kombinierte Mann einen matten oder hellgrauen

Früher gehörte der schwarze Zylinder zur Abendgarderobe. Heute trägt kein Mann ihn mehr. Ausnahmen sind hoch offizielle und festliche Anlässe.

Zylinder, zur Abendgarderobe den schwarzen Glanzzylinder. Seit den 1950er Jahren wird der Zylinder nur noch zu hoch offiziellen oder sehr feierlichen Anlässen getragen wie zum Beispiel bei dem Gang zum Traualtar, wo er in Kombination mit der entsprechenden Kleidung für einen eindrucksvollen Auftritt sorgt. Beim königlichen Pferderennen in Ascot findet Mann ohne korrekten Morning Dress – und dazu gehört der Zylinder – grundsätzlich keinen Einlass.

Kaum zu glauben, aber der Eintritt des Zylinders in die Mode war alles andere als feierlich, sondern vielmehr ein öffentliches Ärgernis. Im Jahre 1897 soll der englische Hutmacher John Hethering den Zylinder erstmals in der Öffentlichkeit getragen haben.

Die Geschichte erzählt, dass Hethering mit seiner außergewöhnlichen Kopfbedeckung so viel Aufmerksamkeit erregte, dass ihn die Obrigkeit festnahm und wegen Friedensbruch zu einer happigen Geldstrafe verurteilte. Wenn es um die Geschichte des Zylinders geht, sollte in jedem Fall auch der Chapeau Claque (französisch = Klapphut) erwähnt werden, der nach seinem Erfinder Gibushut, später auch Operahut genannt wurde. Der Hutmacher Gibus meldete auf diese Form des Zylinders, der mittels einer Feder zusammenklappbar war, 1823 ein Patent an. Der Pariser Hutmacher Duchêne verbesserte das System durch eine pneumatische Feder, sodass der Hut per Druck gefaltet und aufgerichtet werden konnte. Bis in die Anfänge des 20. Jahrhunderts wurde der Chapeau Claque zum Frack im Ballsaal und im Theater getragen.

Der legendäre Klapphut: Chapeau Claque.

Von A bis Z

Active Sportswear / Activewear

Bezeichnung für die Kleidung aller aktiver Sportarten.

Allover-Muster

Muster, die über die ganze Fläche des Stoffes gehen.

Applikationen

Ornamente, die durch Aufnähen oder Aufkleben entstehen.

Arctic-Look

Sportswear-Look, der Funktionsjacken großzügig mit Fell, Pelz oder Imitaten ausstattet.

Bermudas

Hose mit knieumspielender Länge.

Bicolor

Zweifarbigkeit bei Garnen, Zwirnen, Buntgeweben und Druckdessins.

Biker-Jacke

Figurbetonende, meist taillenkurze Jacke im Stil von Motorradjacken.

Blasebalgtaschen

Aufgenähte Taschen mit eingelegten Falten am Taschenansatz. Dadurch bekommen die Taschen ein großes Fassungsvermögen.

Campus-Look

Sportswear-Stil, der sich an der Bekleidung amerikanischer Studenten orientiert.

Cargo-Hosen

Weite Hosen im Stil von Arbeitshosen. Charakteristisch sind aufgesetzte Taschen am Hosenbein.

Casual-Stil / Sportswear

Lässige, aber nicht nachlässige Kleidung. Als Gegenpart zur formell-korrekten Kleidung.

Casual Sport-Stil

Lässige Kleidung, mit Elementen aus der Sportbekleidung.

Clean

Sauberer oder adretter Stil.

Club-Stil

Mode, die sich an Clubuniformen orientiert.

Coat

Bezeichnung für Mantel

Colorblocking

Gegenüberstellen von Farbflächen, um markante Farbkontraste zu erzielen.

Combat-Hosen

Hosen im extremen Military-Stil.

Cord

Rippensamt, wobei die Rippen fein oder breit oder beides sein können.

Crash-Stoffe

Webstoffe mit unregelmäßig geknitterter Oberfläche.

Crossdressing

Mix von Kleidungsstilen.

Donegal

Streichgarn-Tweed mit Handwebcharakter aus unregelmäßigen, genoppten Garnen.

Ethno-Stil

Kleidung mit typischen Farben, Mustern und Formen ferner Kulturkreise.

Fischgrat

Stoffmuster in Längsstreifenrichtung. Ähnelt der Form einer Fischgräte.

Five-Pockets

Sportliche Hosen ohne Bundfalten, mit zwei Schubtaschen vorne, zwei Gesäßtaschen hinten und einer kleinen Geldtasche.

Flanell

Stoff aus Wolle, Wollmischungen oder Viskose mit weichem Griff und gerauter Ober- und Rückseite.

Flatfront-Hose

Hosen mit glatter Vorderfront ohne Weite und Bundfalten.

Flausch

Typischer, voluminöser Wollstoff für Mäntel und winterliche Jacken.

Fleece

Stark geraute Qualitäten, oft aus Maschenware.

Flieger-Jacke

Kurze Jacke, die den Fliegeruniformen nachempfunden ist. Typische Merkmale: Reißverschluss, Ärmel- und Jackenabschluss mit Bündchen, Kragen, Schubtaschen.

Glencheck

Webmuster; Musterung zeigt meist ein Grundkaro und ein Überkaro.

Hemdjacke

Lose, ungefütterte Jacke mit Hemdkragen. Auch mit aufgesetzten Brusttaschen, Schultersattel und Manschetten.

Jodhpur-Hose

Reithose mit viel Weite am Oberschenkel, am Knie anliegend.

Joggingstil

Legere Kleidung im Joggingstil. Typisch sind Kapuzen, Tunnelzüge, elastische Taillenbünde.

Kreidestreifen

Feiner Streifen in gerautem Stoff, der verwischt wirkt.

Melange

Garne und Zwirne aus unterschiedlich farbigen Fasern.

Military-Look

Sportlicher Stil, der von zeitgenössischen Uniformen abgeleitet wird.

Moleskin

Dicker Baumwollstoff; auf der linken Seite gerauht.

Mouliné

Zwirn oder Gewebe aus mindesten zwei unterschiedlichen Farbgarnen.

Nappaleder

Sammelbegriff für Leder mit glatter Oberfläche.

Nicky

Gewirkter, elastischer Plüsch.

Norweger-Muster

Strickmuster mit zwei oder mehreren Farben. Typisch sind Muster von Eiskristallen, Rentieren, Tannenbäumen.

Paisley-Muster

Orientalische Musterung.

Pumphose

Lange weite Hose mit festem Bundabschluss.

Retro-Sport-Look

Mode, die der traditionelle Kleidung europäischer Sportarten nachempfunden ist (Cricket, Tennis, Segeln, ...).

Röhrenhose

Schlanke Hose ohne Bügelfalte.

Slacks

Gerade geschnittene weite Hosen ohne Aufschläge; zumeist mit Bügelfalte.

Sportswear

Sportliche Freizeitbekleidung, die an aktive Sportkleidung erinnert.

Tunnelzug

Innen durchgezogener Gürtel zur Regulierung der Weite.

Vintage-Look

Beabsichtigte Optik von Verwaschenem, Zerissenem oder Zerfetztem.

Danksagung

Wir bedanken uns bei allen Institutionen, Firmen und Archiven für die freundliche Unterstützung!

Burlington – Asics – atelier torino – Bäumler – Bugatti – Camel Active – Camper
Cinque – Clothcraft – Conley`s – DAKS – Deutscher Sportbund – ERES – Falke – Feraud – Giesswein
Goldpfeil – J. Ploenes – Helly Hansen – HOM – Hubert Gassenschmidt – hutshopping – Kunert – Jaques Britt
Jockey – Koil – Lands' End – Lee – Levi Strauss – Lottusse – Görtz – Marc O`Polo – Marlboro Classics
Mey – Odermark – Olymp – Pelo – Olaf Benz – Manstore – Pringle of Scotland – Proscott Golftours – Red Wing Shoes
s. Oliver – Schiesser – Schöffel – Seidensticker – Siemens-Electrogeräte GmbH – Strenesse Gabriele Strehle – U Roads
van Laack – Westermann – Wilvorst – Windsor – WITT Weiden – Wolford

Besonderen Dank an Model Marco

Bildnachweis

Der Verlag dankt den Herstellern, Fotografen und Archiven für die erteilten Reproduktions-
genehmigungen. Der Verlag hat sich bis Produktionsschluss bemüht, alle Inhaber von
Abbildungsrechten ausfindig zu machen.

© Birgit Engel: 21, 28, 32, 34, 42, 46, 73, 81, 90, 96, 97, 112, 113, 115, 120;
© Werner Stapelfeldt: 8, 12, 13, 16, 19, 20, 25, 28, 29, 35, 36, 37, 38, 39, 43, 46, 49, 51,
52, 57, 58, 61, 65, 67, 71, 74, 75, 84, 98, 100, 106, 114, 116, 117, 118, 121, 122, 123;
© Rupert Tenison: 50; © Dieter Wichmann: 34

© Arlington GmbH & Co.KG: 19, 71, 79, 114; © Asics Deutschland GmbH: 92, 93, 96, 97; © Bäumler AG: 27, 29, 32, 54,
55, 59, 82, 100, 101, 103, 104; © Brinkmann Gruppe: 27, 29, 44, 45, 59, 115, 116; © Camel Active: 44, 59, 67, 83, 100, 101,
102, 104, 105, 108, 111, 114; © Camper: 20, 82, 114; © Cinque: 26, 44, 45, 59; © Clothcraft: 102, 104, 110;
© Conley´s Modekontor GmbH: 54, 82, 100, 101, 108; © DAKS: 26, 55, 56 © Deutscher Sportbund: 92; © Falke KG: 47, 70,
78, 79, 80, 81, 94, 104; © Hubert Gassenschmidt: 86, 87; © Giesswein AG: 20; © Goldpfeil GmbH: 28, 29;
© Helly Hansen Deutschland GmbH: 88, 89, 90, 91; © HOM: 13, 17, 66; © Hudson-Kunert Vertriebs GmbH: 47, 80, 81;
© hutshopping: 76, 86, 90, 113, 122, 124; © interair GmbH Sport- und Incentive Reisen Laufend die Welt erleben: 92-93;
© Jacques Britt Internationale Moden GmbH: 33; © Jockey: 104; Josef Witt GmbH: 10, 15, 18, 24, 56, 57, 60, 70, 91, 102,
103, 104, 110, 112, 116, 117; © Land´s End GmbH: 19, 21, 61, 100, 101, 103, 104, 105; © Lee: 54, 62, 63, 64, 73, 83, 101,
108, 116; © Levis Strauss & Co.: 64; © Lottusse: 48, 49, 51, 81, 83, 115; © Ludwig Görtz GmbH: 49, 51, 114, 115;
© Marc O´Polo: 68, 110; © Marlboro Classics: 59, 77, 80, 82, 83, 114; © Gebrüder Mey GmbH & Co KG: 13;
© Odermark Bekleidungswerke: 27; © Olymp Bezner GmbH & Co.KG: 33, 68, 69; © Pelo Men´s Fashion: 68, 69, 116, 117;
© picture-alliance/akg-images: 76; © picture-alliance/KPA Honorar & Belege: 72, 107; © Hans Ploenes GmbH: 17, 32, 35,
40, 41; © Premium Bodywear AG: 13; © Pringle of Scotland: 59, 68, 69, 70, 111; © Profil PR: 83;
© Proscott Golftours GmbH & Co.KG: 87; © Red Wing Shoes Company Inc.: 83, 114, 115; © s. Oliver: 44, 117;
© Schiesser AG: 11, 13; 15; © Schöffel Sportbekleidung GmbH: 86, 91, 100, 101, 117; Seidensticker GmbH: 19, 30, 31, 32,
66, 69; © Siemens-Electrogeräte GmbH: 21; © Strenesse AG: 55, 82; © U ROADS: 114, 115; © van Laack GmbH: 32, 33, 40,
68, 105; © Westermann Schulbuchverlag GmbH: 109; © Wilvorst-Herrenmoden GmbH: 122, 125;
© Windsor Damen- und Herrenbekleidung GmbH: 26, 44, 45, 49, 51, 55, 70, 71, 81, 82, 83, 103, 111, 121; © Wolford AG: 95

Frontcover: © Ruprecht Stempell

Internetadressen

www.burlington.de, www.asics.de, www.baeumler.com, www.hutshopping.de, www.bugatti.de, www.camelactive.de,
www.camper.es, www.cinque.de, www.clothcraft.de, www.conleys.de, www.daks.com, www.FALKE.com,
www.feraudhomme.de, www.giesswein.com, www.goldpfeil.de, www.interair.de, www.ploenes-krawatten.de,
www.hellyhansen.com, www.hom-fashion.com, www.gassenschmidt.de, www.kunert.de, www.jaques-britt.de,
www.jockey.com, www.koil.it, www.landsend.de, www.lee.com, www.levis.com, www.lottusse.com, www.goertz.de,
www.marc-o-polo.com, www.marzotto.it, www.mey.de, www.odermark.de, www.olymp-hemden.de, www.pelo.de,
www.olafbenz.com, www.manstore.de, www.pringlescotland.com, www.proscott.com, www.redwingshoes.com,
www.soliver.de, www.schiesser.de, www.schoeffel.de, www.seidensticker.de, www.siemens.de/hausgeraete,
www.strenesse.com, www.uroads.com, www.vanlaack.de, www.wilvorst.de, www.hochzeit-mit-wilvorst.de,
www.windsor.de, www.witt-weiden.de, www.wolford.com